www.tredition.de

AF177403

Thomas Sailer

LEB DEINEN TRAUM
SEI FREIZEITPIONIER

www.tredition.de

Umschlaggestaltung: Thomas Sailer
Abbildungen: Thomas Sailer, serendii

Verlag: tredition GmbH, Hamburg

978-3-347-29662-6 (Paperback)
978-3-347-29663-3 (Hardcover)
978-3-347-29664-0 (e-Book)

Printed in Germany

Bibliografische Information der Deutschen Nationalbibliothek:
Die Deutsche Nationalbibliothek verzeichnet diese Publikation in der Deutschen Nationalbibliografie; detaillierte bibliografische Daten sind im Internet über http://dnb.d-nb.de abrufbar.

Inhaltsverzeichnis

Vorwort

Dieses Buch bietet einen praxisnahen Zugang zu dem Freizeitpionier-Konzept: Einer Perspektive, die dir dabei hilft den Kurs in deinem Leben selbst zu bestimmen. Dein Lebensglück und deine Träume in den Fokus zu rücken, anstatt dir den Weg zu deiner Seelenzufriedenheit vom Lauf des Lebens verbauen zu lassen.

Du lernst was es bedeutet, Freizeitpionier zu sein, wie du ein besseres Verständnis für deine wirklichen Träume entwickelst und wie du sie zielgerichtet wahr machen kannst. Außerdem thematisiert das Buch auch Stolpersteine, auf die du achten musst, damit sie dich nicht an der Verwirklichung deiner Träume hindern.

Ich selbst beschäftige mich schon seit mehr als 10 Jahren aktiv mit dem Freizeitpionier-Konzept. Dabei habe ich es nicht nur in meinen literarischen Werken verarbeitet, sondern seine Praxistauglichkeit auch im echten Leben mehrfach unter Beweis gestellt. Jetzt schreibe ich erstmals konkret und ohne fiktive Umschweife über diese Idee, die auch in deinem Leben so unglaublich vieles bewirken kann!

Dieses Buch zu lesen, kann ein sehr intensives Erlebnis sein. Damit durch Förmlichkeit keine Distanz entsteht, die dir etwas von diesem Erlebnis nehmen könnte, verwende ich das »Du-Wort.«

Ich bitte außerdem um Verständnis dafür, dass dieses Buch aus Gründen der Lesefreundlichkeit auf Gendering verzichtet. Jedoch weise ich explizit darauf hin, dass sich dieses Werk selbstverständlich an Frauen wie Männer gleichermaßen richtet.

Ich wünsche dir viel Vergnügen beim Lesen!

Über den Autor

Thomas Sailer B.A., geboren am 4. August 1987 in Eisenstadt, ist Schriftsteller, Künstler und Freizeitpionier.

Während seines Studiums entdeckte er seine Leidenschaft für das Schreiben. In dieser Zeit entstand das Manuskript zu seinem Debütroman **Der Freizeitpionier**, der im Dezember 2011 erstveröffentlicht wurde.

Weitere Romane von Sailer sind **Die Wüstenpflanze** (2012), **Die Aktivistin** (2014) und **Die Gefängnisinsel** (2018). Über seine Vergangenheit in der virtuellen Harry Potter-Fangemeinde schrieb er außerdem die Autobiografie **Chronik eines Harry Potter Fans**, die auch ins Englische übersetzt wurde.

Sailer, der passionierter Liebhaber alter Autos ist, betreut außerdem das **Projekt1310**, ein aktionskünstlerisches Fundament der Freizeitpionier-Idee. Das Projekt inszeniert einen Oldtimer als Kunstobjekt.

Seit 2019 konzentriert sich Thomas Sailer verstärkt auf die multimediale Umsetzung seiner Werke. Im Herbst 2020 verwirklichte er mit **Die Gefängnisinsel – Doku einer Flucht** eine erste Filmadaption seines Romans »Die Gefängnisinsel.«

Sailer ist außerdem Vorstandsmitglied des Kunstvereins **ART HOUSE PROJECT** in Eisenstadt und Co-Organisator der Kunstmesse **TRANSFORM-ARTE**.

1. Einleitung

Oft kommt dir das Leben sehr mühselig vor ... und frustrierend. Manchmal hast du das Gefühl, dass du eigentlich nur da bist um zu arbeiten und alles am Laufen zu halten, während du selbst nur wenig davon hast, dass du deine Energie andauernd aufopferst. Du versuchst nach außen hin den Eindruck zu vermitteln, dass du alles im Griff hast; dass es dir gut geht und, dass du glücklich bist. Du willst es auch selbst glauben. Aber in Wahrheit fühlst du dich nur selten glücklich. Du hast Höhen und Tiefen; häufiger Tiefen. Du fühlst dich unproduktiv und steckst immer wieder in der Krise. Du fragst dich wofür du eigentlich da bist und was der Sinn deines Lebens ist. Immer wieder grübelst du, aber nichts wird dadurch besser.

Viele Menschen haben sich mit diesem Los abgefunden: Für sie ist das Leben eine Last, die man eben tragen muss. Ein Seufzen ist ihr dauernder Wegbegleiter. Sie erwarten sich nicht viel vom Leben, damit ihre Erwartungen nicht enttäuscht werden können. Davon sind sie sogar fest überzeugt: Dass Erwartungen sowieso nur enttäuscht werden. Dass du dich mit dem zufriedengeben musst, wie es ist und was du hast. Dass du viel geben musst und wenig bekommst. Jeder andere Gedanke wäre ja doch nur sinnlose Träumerei.

Dieses Gefühl, dass das Leben einfach nur deprimierend und undankbar ist, kenne ich gut! Aber damit wollte ich mich nicht abfinden – und genau mit dieser Bereitschaft, an meinem Leben zu arbeiten, habe ich einen ersten Schritt getan, um Freizeitpionier zu sein!

Als Freizeitpionier bin ich davon überzeugt, dass das Leben sehr viel mehr Potential hat. Es ist nicht in Stein gemeißelt, dass es mühselig sein muss. Es kann auch »okay« sein – und sogar noch viel mehr als das: Dein Leben kann Tag für Tag richtig großartig sein!

Ob du das wahre Potential deines Lebens entfalten wirst oder nicht, ist kein Zufall: Du selbst hast es in der Hand!

»Na gut«, wirst du dir vielleicht denken. *»Das sagt sich jetzt so leicht.«* Möglicherweise fragst du dich jetzt: *»Wie soll ich das denn bitteschön machen? Was kann ich hier und heute tun, damit mein Leben nicht mehr so mühselig ist und damit ich meine Träume wahr machen kann?«* Auf diese wichtigen Fragen werde ich dir in diesem Buch Antworten liefern. Ja wirklich! Dich erwartet etwas sehr viel Besseres als ein paar abgedroschene Sprüche und Lebensweisheiten, die allesamt keinen Praxisbezug haben. Du bekommst Ansätze vermittelt, die du tatsächlich nutzen kannst!

Bevor es aber richtig losgeht, erzähle ich dir noch ein paar Worte zu meinem Hintergrund als Freizeitpionier, damit du weißt, dass all die Ansätze und Ideen in diesem Buch nicht einfach aus der Luft gegriffen sind, sondern auf einem soliden Fundament basieren.
Seit mehr als 10 Jahren beschäftige ich mich bereits mit dem Begriff »Freizeitpionier«. Das Konzept, das dahintersteckt, begleitet mich aber schon bedeutend länger. Ich war noch nie ein Freund von der Idee, das Leben einfach passieren zu lassen – ich möchte sichergehen, dass es sich auch in die richtige Richtung bewegt. Ich will nicht nehmen was ich kriegen kann – sondern daran arbeiten das zu bekommen, was ich wirklich will.
Ich habe zum Beispiel schon immer gewusst, dass ich ein eigenes Haus haben möchte. Keine Wohnung in einem Wohnblock, erst recht nicht zur Miete. Also habe ich im Rahmen meiner damaligen Möglichkeiten den Lauf der Dinge gestaltet – und mir im Alter von 26 Jahren schuldenfrei ein Haus gekauft.
Heute, mit 33 Jahren, kann ich durchaus schon auf so manchen Erfolg zurückblicken: Nicht nur, dass ich mir mit Mitte 20 den Traum vom Eigenheim realisiert habe – auch als Autor habe ich mir mittlerweile einen Namen gemacht: Gegenwärtig habe ich 6 Bücher veröffentlicht. Außerdem engagiere ich mich für die Kunstszene in meiner Heimat und arbeite bereits daran, meine (literarischen) Werke auch audiovisuell umzusetzen.

Wenngleich ich jetzt, mit Anfang 30, eigentlich schon etwas aufgebaut habe, was für viele ihr Leben lang ein unerfüllter Traum bleibt, bin ich nach wie vor **aufbauender Freizeitpionier.** Was das bedeutet, werden wir in Kürze näher betrachten.

Doch vorher gebe ich dir noch einen Ausblick auf das, was dich in den kommenden Kapiteln generell erwartet: Mit diesem Buch möchte ich dir einen Einblick in das Freizeitpionier-Konzept gewähren. Ich werde dir zeigen was es bedeutet, Freizeitpionier zu sein – und ich werde dir praxisnah erklären, wie du dieses Konzept verwenden kannst, um dein Leben viel stärker nach deinen Vorstellungen und Wünschen zu gestalten!
Dich erwartet viel mehr als nur graue Theorie. Ich bringe auch immer wieder praktische Beispiele und Erfahrungswerte ein – weil sie sehr wichtig dafür sind, dass du die Theorie auch gezielt anwenden kannst, um deine Träume wahr zu machen.

Obwohl ich Schriftsteller bin, vertrete ich die Ansicht, dass schöne Worte allein nicht viel wert sind. Möchtest du deinen Traum wahr machen, hilft es dir eher wenig, wenn jemand mit »Weisheiten« á la *»Du musst einfach nur an dich selbst glauben«* auftrumpft; fühlt sich dein Alltag leer und trist an, wird absolut rein gar nichts besser, wenn jemand »geniale« Tipps serviert wie *»Du musst für den Moment leben«* oder *»Sei grundlos glücklich!«*
Derartige Sprüche – viele davon längst abgedroschene Allgemeinposten – lesen wir häufig, etwa auf Social Media. Viele Menschen teilen sie, weil sie glauben, dass sie der Schlüssel zu einem positiveren Lebensgefühl sind. Tatsächlich sind es Fragmente von Lebensphilosophien, die zufällig zu deiner Vorstellung vom Leben passen können – aber keinesfalls dazu passen müssen. Davon abgesehen sind sie für sich allein genommen vor allem eines: Vollkommen nutzlos! Sie bieten einfach keinen praktischen – also wirklich greifbaren – Ansatz, wie du hier und heute damit anfangen kannst, dein Leben zu gestalten.

Als Freizeitpioniere wollen wir keine motivierenden Worte, wir wollen nachhaltige Erfüllung: Dieses Gefühl von Konsistenz – wir möchten spüren, dass unsere tägliche Lebensrealität etwas wirklich Großartiges ist. Allerdings bekommen wir dieses Gefühl nicht, indem wir versuchen unser Denken zu ändern, sondern indem wir Taten setzen und anfangen unser Leben nach unseren Vorstellungen zu gestalten.

Wenn du noch nicht soweit bist, dass du deinen **Lebenstraum** lebst, und du deshalb öfters unzufrieden oder unglücklich bist, haben dir andere vielleicht schon angeraten, dass du deine Lebenseinstellung ändern musst; dass du lernen musst das Positive im Leben zu sehen; dass du das Leben so nehmen musst, wie es ist und, dass du aufhören sollst dir mehr vom Leben zu wünschen.

Als Freizeitpionier rate ich dir das genaue Gegenteil: Traue dich nach den Sternen zu greifen! Wenn du mit deinem Alltag unzufrieden bist und/oder dir im Leben die Erfüllung fehlt, dann solltest du die Ursache bekämpfen – und nicht die Symptome.

Akzeptierst du einen Alltag, in dem du unglücklich bist oder zumindest das Gefühl hast, dass dir etwas Wesentliches fehlt, dann betrügst du dich selbst um einen wichtigen Teil deines Lebens!

Aber was bleibt dir schon übrig als das zu akzeptieren? Könntest du dein Leben ganz einfach so leben, dass du wunschlos glücklich bist, dann wärst du wohl kaum auf der Suche nach Antworten ... und hättest wahrscheinlich auch nicht zu diesem Buch gegriffen.

Doch vielleicht hast du gerade mit diesem Griff einen wichtigen Schritt geschafft. Denn genau mit der Frage, wie du im Leben bekommen kannst, was du wirklich willst, befasst sich das Freizeitpionier-Konzept: Es geht darum richtig in dich selbst hineinzuhorchen, den Fokus auf die für dich essentiellen Dinge zu finden und gezielt, mit Sinn und Verstand einen Weg zu erarbeiten, um sie wahr werden zu lassen.

Weil das in der Praxis aber oft gar nicht so einfach ist, verzichten sehr viele Menschen darauf ihre wirklichen Träume zu fokussieren und entscheiden sich lieber für ein langweiliges Dasein, in dem sie sich selbst nicht viele Gedanken machen müssen und einfach tun, was die äußeren Umstände ihnen vorgeben.

Auch als Freizeitpionier wissen wir, dass wir unseren Lebenstraum nicht mit einem Fingerschnipp wahr machen können. Doch von ein paar Hürden auf unserem Weg lassen wir uns nicht abschrecken: Wir wissen, dass wir unglaublich viel gewinnen können – und sind daher entschlossen unsere eigenen, individuellen Träume nicht nur zu ersehnen, sondern tatsächlich zu leben!

In den folgenden Kapiteln beschreibe ich einen »Ideal-Freizeitpionier.« Du musst aber nicht jede Idee aus diesem Buch 1:1 anwenden, damit du von der Freizeitpionier-Idee profitieren kannst – nur keine Angst! Individualität spielt für Freizeitpioniere eine große Rolle. Unseren Weg als Freizeitpionier müssen (und wollen) wir selbst bestimmen. Wichtig ist, dass du aus diesem Buch genau die Dinge mitnimmst, die du für deinen ganz persönlichen Weg verwenden kannst.

Also! Bist du bereit etwas wirklich Wertvolles für dein weiteres Leben zu lernen? Ja? Sehr gut, dann legen wir los!

2. Die Freizeitpionier-Definition

Natürlich fragen wir uns jetzt erst einmal: Was genau bedeutet es denn eigentlich, Freizeitpionier zu sein? Es gibt eine einfache Definition, die das erklärt: Freizeitpionier zu sein, bedeutet **echte, individuelle und nachhaltige** Erfüllung anzustreben.

Freizeitpioniere wissen, dass das Leben nicht nur annehmbar, sondern großartig sein kann – und jeder einzelne es für sich selbst in der Hand hat.

Für Freizeitpioniere haben **Erlebnisse** sehr viel mehr Bedeutung als **Leistungen** und **Anerkennung**. Für sie zählt primär wie sie selbst ihr Leben empfinden und nicht wie andere sie wahrnehmen. Demnach ordnen sie sich selbst auch keiner Aufgabe unter. Arbeit ist für sie ein Mittel zum Zweck und (abgesehen von einer echten Berufung) kein sinnstiftendes Element im Leben.
Daher kommt der Wortteil »**Freizeit**«

Freizeitpioniere geben sich nicht mit einer Rolle im Leben zufrieden, die sie nicht erfüllt. Sie akzeptieren keine (dauerhafte) **Lebensrealität**, die nicht ihren Vorstellungen entspricht und sind (falls erforderlich) bereit einen Aufwand in die individuelle Gestaltung ihres Lebens zu investieren – selbst wenn das bedeutet Wege zu gehen, die noch nicht von der Allgemeinheit ausgetreten sind und daher nicht so leicht kalkulierbar sind.
Daher kommt der Wortteil »**Pionier**«

Freizeitpionier-sein ist eine Absage an eine Lebensrealität, in der das »Müssen« ständig über das »Wollen« dominiert. Als Freizeitpionier möchten wir unser Leben möglichst genau nach unseren (wirklichen) Wünschen leben; wir wollen uns auf die Dinge konzentrieren, die uns tatsächlich wichtig sind. Wir lassen uns nicht von allgemeinen Idealen oder sozialen Erwartungen leiten und wir lassen uns auch nicht von der Allgemeinheit in ein Schema pressen. Wir haben auch kein Interesse daran es irgendjemandem Recht zu machen oder irgendwem irgendetwas zu beweisen. Wir vergeuden keine Zeit und Energie mit Sisyphusarbeit.

Wir priorisieren unser Lebensglück und konzentrieren uns auf unsere wirklichen Träume. Für uns sind Wunschträume etwas, das realisiert werden will. Wir sind bereit unser Leben selbst zu gestalten – denn unser Ziel ist es, unsere Träume wahr zu machen und auf diesem Weg Tag für Tag echte Erfüllung zu erleben.

3. Kann ich Freizeitpionier werden?

Eine ganz einfache, kurze Antwort: Ja. Das kannst du! Jedenfalls dann, wenn du bereit bist dich von der Vorstellung zu lösen, dass du im Leben nur ein Spielball bist; dass du immer alles akzeptieren musst und dein Wille nicht zählt; dass immer alles und jeder andere Vorrang hat und du selbst dich hintenanstellen musst.

Wenn du es schaffst dieses Weltbild niederzureißen und bereit bist, dein Leben aktiv auf deinen Lebenstraum hin auszurichten, dann kannst du Freizeitpionier sein. Dann kannst du es nicht nur sein – dann bist du sogar schon Freizeitpionier!

Das bedeutet aber nicht, dass deshalb all deine Träume auf der Stelle in Erfüllung gehen. Ganz so einfach ist die Sache nicht: Es gehört schon mehr dazu deine Träume zu leben als einfach nur die Entscheidung zu treffen, Freizeitpionier sein zu wollen und dich selbst fortan so zu bezeichnen.

Es ist ein erster Schritt, dass du dich bewusst dazu zu entscheidest, Freizeitpionier zu sein. Damit du dein Leben aber effektiv gestalten kannst, musst du schon über diesen ersten Schritt hinausgehen und die Freizeitpionier-Idee auch wirklich aktiv leben.

Ab jetzt konzentrierst du dich auf die Dinge, die dir tatsächlich wichtig sind und lenkst dich nicht mehr mit Sachen ab, die (für dich) belanglos sind. Du lässt dir nicht mehr von anderen vorgeben, wie du dein Leben zu führen hast. Du akzeptierst nicht mehr, dass andere (bzw. die Gesellschaft) bestimmen, worauf du deine Bemühungen richten sollst. Du vergeudest keine Energie mehr damit, die Erwartung anderer Menschen erfüllen zu wollen.

Damit du vom Freizeitpionier-Konzept profitieren kannst, ist es übrigens nebensächlich, wie deine momentane Alltagssituation aussieht. Wahrscheinlich wird jemand, der schon aus einer privilegierten Position startet, seinen Lebenstraum etwas schneller erreichen – aber Frei-

zeitpionier-sein ist auch kein Wettlauf. Wir konzentrieren uns auf uns selbst. Du kannst deine Träume genauso wahr machen!
Vielleicht siehst du im Moment keinen Weg, der von deiner aktuellen Situation zu deinem Ziel führt. Vielleicht existiert dieser Weg auch **noch** gar nicht. Vollkommen egal! Als Freizeitpionier wirst du dir deinen Weg eben bahnen.

Welchen extremen Effekt es haben kann, wenn du damit anfängst dein Leben konsequent zu gestalten, habe ich schon vor 10 Jahren in meinem ersten Roman »Der Freizeitpionier« beschrieben. Das Buch handelt von einem (scheinbar) hoffnungslosen Verlierer, der anfangs überhaupt nichts auf die Reihe kriegt. Sein Problem ist am Beginn der Handlung, dass er sich in einer vollkommen ungeeigneten Lebenswelt befindet, weil er bis dahin alles in seinem Leben so hingenommen hat, wie es gekommen ist. Doch ausgerechnet aus diesem Versager ohne Zukunft wird ein Freizeitpionier!
Wie das? Ganz einfach, indem er aufhört seinen Alltag zu akzeptieren und aus seiner Lebenswelt ausbricht, in der er sich nicht wohl fühlt, die ihm weder Freude noch Erfüllung gibt – und ganz nebenbei auch keine Inspiration oder Motivation.
Wer den eigenen Alltag so empfindet, kann sich eigentlich nur als ein Verlierer fühlen. Gerade dann, wenn wir in dieser Lebenslage sind, können wir vielleicht nicht sofort etwas ändern – doch das Entscheidende ist, dass wir bereit sind unsere erste Gelegenheit zu nutzen, um aus einem unliebsamen Alltag auszubrechen. Denn in einer anderen Lebensrealität, die unseren eigenen Vorstellungen sehr viel stärker entspricht, können einstige Verlierer zu absoluten Gewinnern avancieren!
Wir können unser volles Potential nur dann ausschöpfen, wenn wir die richtige Motivation haben; wenn wir unsere Interessen ausleben können; wenn wir unsere Talente richtig einsetzen können. Dann ist es möglich, dass wir jeden Tag als ein Abenteuer erleben; als ein großes Geschenk – und nicht als das anstrengende, triste Zeitfenster zwischen dem Aufstehen am Morgen und dem Schlafengehen am Abend.

4. Freizeitpionier-Phasen und Lebensträume

Als Freizeitpionier gibt es zwei wesentliche Phasen, in denen wir uns befinden können: Wir sind entweder »aufbauender Freizeitpionier« oder »erlebender Freizeitpionier.«

Aufbauender Freizeitpionier sind wir, wenn wir unseren persönlichen Lebenstraum fokussieren und aktiv daran arbeiten, die eigene Lebenswelt in gewünschter Weise zu gestalten.
Insofern deckt dieser Begriff ein sehr breites Spektrum ab: Er bezeichnet sowohl Freizeitpioniere, die ganz am Anfang stehen und gerade erst zu der Einsicht gelangt sind, dass sie ihr Lebensglück in den Mittelpunkt stellen wollen, als auch Freizeitpioniere, die auf ihrem Weg schon vieles erreicht haben.

Als aufbauender Freizeitpionier konzentrieren wir uns nicht so sehr darauf, was für uns im Moment das Angenehmste oder Reizvollste ist, sondern auf das Ziel, unser Leben langfristig zu gestalten.
Bis auf weiteres **investieren** wir in unseren Lebenstraum. Wir investieren Gedanken, Energie, Zeit und fallweise auch Geld in unsere Idee. Das tun wir nicht, weil es jemand von uns verlangt, sondern weil wir von unserem Traum überzeugt sind. Weil wir wissen, wofür wir es tun. Weil uns klar ist, was wir gewinnen können, arbeiten wir mit brennender Vorfreude an unserem Plan. In dieser Phase verzichten wir gerne auf momentane Verlockungen, da uns unser Fortschritt wichtiger ist und letztendlich auch das größere Vergnügen bereitet.
Was wir als aufbauende Freizeitpioniere machen, ist ein bisschen so wie ein Haus zu bauen: Wir investieren jetzt in die Schaffung einer **Struktur**, die unser Leben später so dauerhaft wie möglich bereichert.

Das bedeutet aber nicht, dass wir immer nur verbissen an unserer Idee arbeiten. Mit der Zeit entwickeln wir ein ausgeprägtes Gefühl dafür, wann wir unsere Zeit am Besten in unseren Traum investieren und wann wir uns getrost eine Ablenkung gönnen dürfen. Wir werden also auch als aufbauender Freizeitpionier ganz bestimmt nicht auf das Leben verzichten! **Ganz im Gegenteil**: Wir verbringen auch die Zeit lebendig, die andere nur totschlagen. In Momenten, in denen andere nicht wissen, was sie mit ihrer Zeit anfangen sollen, haben wir immer noch unseren Plan. Damit ist unser Aufbauprozess für uns letztendlich kein Einschnitt, sondern eine Bereicherung.

Allerdings kann die Vorgehensweise von aufbauenden Freizeitpionieren für Außenstehende trotzdem paradox wirken: Das Ziel eines Freizeitpioniers ist echte Erfüllung; ein Alltag, der nachhaltig interessant ist und Freude macht.

Weshalb nimmt der aufbauende Freizeitpionier dann zusätzliche Arbeit auf sich? Warum tut er sich (scheinbar) Stress an, den er sonst nicht hätte und verzichtet dabei noch auf so manche Kleinigkeit, die den Alltag angenehmer macht? Warum lässt er nicht einfach locker und genießt die schönen Momente im Leben?

Als Freizeitpionier kennen wir die Antwort darauf genau: Weil wir Erfüllung wollen, die über den Moment hinausgeht. Weil wir sehr viel mehr wollen als hin und wieder ein paar schöne Momente zu genießen. Freizeitpioniere haben eine **Perspektive**, die sehr viele andere Menschen nicht haben: Wir haben die Aussicht darauf zu erfahren, wie sich **echte Erfüllung** anfühlt! Wie es ist, wenn der Alltag nicht langweilig, mühselig und fremdbestimmt ist, sondern wir unser Leben unter Kontrolle haben und unsere Träume wirklich (er)leben können.

Das Leben besteht aus Momenten. Natürlich wollen wir den Moment genießen. Das möchten wir sogar möglichst oft tun – beziehungsweise möglichst nachhaltig.

Als Freizeitpionier ist uns klar, dass unser **Glück** in der Interaktion zwischen uns und unserer Umwelt entsteht – also allem was uns direkt umgibt. Damit wir also nachhaltig Momente genießen können, ist es erforderlich eine **Struktur** zu schaffen, die uns die notwendige **Macht** gibt (was genau das bedeutet, lernen wir später), unsere direkte Umwelt zu gestalten.

Fehlt dir diese Struktur, dann kannst du kein Glück aufbauen, bzw. aufrechterhalten. Du kannst bestenfalls ein paar schöne Momente genießen – bis dich kurz darauf wieder der Alltag einholt und dein Glück zerstört. Die positive Kraft der genossenen Momente ist im Nu wieder aufgezehrt. Schon bist du wieder von einer grauen Lebenswelt umgeben, in der du ständig **funktionieren** musst – und in der ganz andere Dinge zählen als dein Glück.

Als wäre das nicht schlimm genug, raubt diese schädliche Atmosphäre auch den schönen Momenten ihren Reiz. Vorhin habe ich davon gesprochen »Glück aufzubauen« … nun, es funktioniert auch anders herum: Du kannst einen eigentlich traumhaften Moment als leer oder sogar trostlos erleben, wenn dieser Moment nur eine »Auszeit« von deiner ansonsten wenig reizvollen Lebensrealität ist … weil dich dein Alltag in seiner Gesamtheit herunterzieht und diese Negativität die Schönheit des Momentes vergiftet.
Ich stelle mir beispielsweise gerade vor, ich bin in der Natur unterwegs, oder sitze gemeinsam mit Freunden im Park – wenn ich das Gefühl habe, dass dieser Alltag nur »geliehen« ist; dass ich nur meine Freizeit verbrauche, während schon bald wieder unliebsame Aufgaben auf mich warten, bzw. mir die Zeit davonläuft, während ich meinen wirklich wichtigen Zielen nicht näherkomme, fühlen sich diese eigentlich angenehmen Momente schnell leer oder sogar belastend an.
Habe ich aber das Gefühl, dass alles im Laufen ist und ich mir diese Ruhe getrost gönnen kann, dann kann ich den Moment natürlich viel besser auf mich wirken lassen, mich darauf einlassen und dementsprechend auch sehr viel besser genießen.
Wenn du dieses positive »Grundgefühl« hast, kannst du übrigens nicht nur besser genießen – du kannst damit einzelne negative Momente in deinem Alltag auch viel besser und souveräner »abfedern«. Wenn du deinen Traum lebst (oder im Begriff bist es zu tun), kann dich kaum etwas so schnell aus der Bahn werfen!

Das führt uns weiter zu der zweiten Phase: Den **erlebenden Frei-zeitpionieren.** Als solche haben wir unser Leben bereits in die er-wünschten Bahnen gelenkt und erleben im Normalfall jeden Tag so, wie wir es uns wünschen. Diese Phase ist der erstrebenswerte Zustand, auf den wir als aufbauender Freizeitpionier hinarbeiten.

Als erlebender Freizeitpionier haben wir zumindest die tragenden Elemente (wie den zentralen, strukturgebenden Traum) unseres Le-benstraumes erreicht. Wir profitieren Tag für Tag von der Lebensreali-tät, die wir kreiert haben.

Wenn wir den Übergang zum erlebenden Freizeitpionier geschafft haben, steht das Hinarbeiten auf unseren Lebenstraum nicht mehr im Vordergrund – sondern das tägliche Erleben von dem Alltag, den wir geschaffen haben. Am Übergang zum erlebenden Freizeitpionier fin-det eine wesentliche Umkehr statt: Bisher haben wir unseren Traum fokussiert und das Erleben unseres Alltags war Nebensache. Als erle-bender Freizeitpionier ist es genau andersherum. Aber dazu später noch mehr ...

Denn bevor wir an diesem Punkt angekommen sind, gibt es noch ein paar Dinge, mit denen wir uns auseinandersetzen müssen: Damit du nämlich vom aufbauenden zum erlebenden Freizeitpionier werden kannst, ist es essentiell, dass du deine Lebensbedingungen soweit ge-staltest, sodass du deinen **Lebenstraum** wirklich (dauerhaft) leben kannst.

Damit wir alle eine entsprechende Vorstellung von dem Begriff »Le-benstraum« haben, möchte ich definieren, was genau damit gemeint ist: Als Freizeitpioniere bezeichnen wir damit eine nachhaltige Alltags-realität, in der wir unser Leben bestmöglich nach unserer Vorstellung und unseren Wünschen (er)leben können.

Es handelt sich also nicht um eine einzelne, flüchtige Sache (wie z.B. ein erfolgreich absolvierter Marathon-Lauf oder dergleichen), sondern vielmehr um ein Konvolut von **Faktoren**, die in Summe die Atmo-sphäre (also die Lebensumgebung) erzeugen, in der sich dein Leben für dich **dauerhaft** großartig anfühlt; in der du dich am richtigen Platz fühlst und in der keine wichtigen Wünsche unerfüllt sind, bzw. bleiben; ein Leben, in dem du nicht das Gefühl hast etwas zu verpassen; ein Alltag, der dich nachhaltig erfüllt!

Wie diese Alltagsrealität aussehen soll, hängt ganz von dir ab. Es ist eine vollkommen individuelle Angelegenheit, ob dein Lebenstraum am ehesten mit anderen Menschen zu tun hat (z.b. Freundschaften, die du dir wünscht, oder die Gründung einer eigenen Familie), mit Dingen, die dich interessieren (ein schönes Eigenheim, Antiquitäten, Sammlungen, Gaming-PCs, usw.) oder mit Erfahrungen, die du gerne machen möchtest (lernen, reisen, etc.).

Wir alle haben unterschiedliche Ziele und Vorstellungen. Was dem einen Menschen nachhaltige Erfüllung gibt, kann den anderen buchstäblich krank machen. Unsere Lebensträume sind individuell – und dementsprechend vielfältig sind auch die Wege dorthin. Insofern sind Freizeitpioniere tatsächlich auch im klassischen Sinn Pioniere: Weil wir uns unseren eigenen, individuellen Weg bahnen, um unseren Lebenstraum wahr machen zu können.

Genau dafür ist es wesentlich, dass du die richtige Vorstellung von deinem Lebenstraum hast – ihn also als ein Zusammenspiel von Faktoren erkennst und nicht an der Idee von einem einzigen, großen Erfolg festhältst. Tust du das nicht, läufst du Gefahr dich nur auf einen Faktor, bzw. ein Detail deines eigentlichen Lebenstraumes zu konzentrieren. Das wäre kontraproduktiv, denn es sind die Details, die deinem Lebenstraum seine Fülle geben. Ohne sie wäre er nur ein hohler Erfolg, von dem du aber außer einem kurzfristigen »Ich hab's geschafft«-Glücksmoment nichts hast … jedenfalls mit Sicherheit keine nachhaltige Erfüllung.

Bei der **Definition** deines Lebenstraumes zählt also nicht nur die Frage: »**Was** *will ich erreichen?*« sondern auch »*Wie will ich es erreichen?*«, »*Mit wem will ich es erreichen?*«, »**Wo** *will ich es erreichen?*«, »*Was will ich* **unbedingt tun**, *wenn ich es erreicht habe?*«, »*Wie soll mein* **Alltag aussehen**,

21

wenn ich es erreicht habe?«, »Mit welchem **Gefühl** *will ich dann morgens aufstehen?«* und so weiter.

Damit du dir deinen Weg nicht unnötig schwer machst, ist es allerdings sehr wichtig, dass du möglichst bald Klarheit darüber gewinnst, welche Faktoren für dich wirklich entscheidende Faktoren, bzw. Details sind und sie von **Nebensächlichkeiten** abgrenzt – also von Dingen, die zwar ganz nett sein können, aber dir persönlich nicht wirklich dabei helfen, dich langfristig gut zu fühlen.

Im Gegensatz zur Definition kann es für die **Verwirklichung** von deinem Lebenstraum durchaus sinnvoll sein, einen einzelnen Faktor, bzw. ein paar wenige Faktoren zu priorisieren: Denn einige Wünsche, die sehr wohl Teil von deinem Lebenstraum sind, tragen eventuell wenig bis gar nicht dazu bei, dass du ebendiesen Lebenstraum erreichen wirst. Insofern ist es besser du behandelst auch diese **echten Interessen** vorerst wie Nebensächlichkeiten und konzentrierst dich primär auf deinen **zentralen, strukturgebenden Traum**.
Dieser Begriff bezeichnet den Teil deines Lebenstraumes, der am ehesten dazu geeignet ist eine Struktur aufzubauen, die später deine Alltagsrealität als erlebender Freizeitpionier nachhaltig trägt.

Ein Beispiel zur Veranschaulichung: Einmal angenommen du hast eine Leidenschaft für die Musik; du träumst davon als Musiker Karriere zu machen und liebst außerdem Modelleisenbahnen – vielleicht sogar noch ein Stück mehr als die Musik. Aus Freizeitpionier-Sicht ist es besser, du konzentrierst dich erst auf deine Musik-Karriere. Wenn diese läuft und du dich nicht mehr um jeden Handgriff selbst kümmern musst, kannst du dich als erlebender Freizeitpionier dem Bau von großartigen Modelleisenbahnen widmen.
Willst du nämlich beides auf einmal realisieren, machst du im Endeffekt beides halbherzig. Dann wirst du wahrscheinlich als Musiker nie Erfolg haben, bzw. existieren können und mit deiner nebenbei zusammengestückelten Modelleisenbahn niemals wirklich glücklich sein.

Das bedeutet nicht, dass du dir nicht beispielsweise schon einmal eine Modell-Lok als Vorgeschmack kaufen kannst, wenn du ein interessantes Exemplar zum vernünftigen Preis angeboten bekommst. Aber mit dem energie- und zeitaufwändigen Bau einer kompletten Landschaft solltest du warten, bis dein zentraler, strukturgebender Traum funktioniert und du dich wirklich auf ein neues Projekt konzentrieren kannst. Ansonsten investierst du Zeit und Energie in dein Modell, die dir für die Musik fehlen werden; und Geld, das du dir in einem Brot-Job zu hart verdienst … und dabei wird dein Hobby doch nur eine kurzfristige Ausflucht aus einem Alltag sein, der dich nicht erfüllt und dich ständig aufs Neue herunterzieht. Damit wird es über kurz oder lang auch seinen Zauber verlieren.

Bei der allgegenwärtigen Entscheidung, ob du im Moment an der Gestaltung deines Lebens arbeiten oder jetzt gerade doch lieber etwas für den Moment tun solltest, kannst du anhand von zwei Fragen abwägen:

1) Kannst du gerade etwas Sinnvolles für deinen Lebenstraum machen?
2) Wie reizvoll ist das, was du gerade einfach nur für den Moment tun willst?

Du bist gerade voll in Fahrt und arbeitest an deinem großen Traum? Dann mach weiter und lass dich von nichts und niemandem stören! Dir fehlt gerade ein sinnvoller Ansatz, aber ein Kinoabend mit Freunden wäre jetzt echt schön? Dann lass die Arbeit für den Moment gut sein und ab ins Kino!

Du brauchst dich also nicht unnötig einzuschränken. Wichtig ist aber, dass du dich nicht von den (meist sicherlich gutgemeinten) Ratschlägen anderer Menschen verunsichern lässt: Wenn du an etwas arbeitest, woran du glaubst, dann muss es egal sein, wie viele andere dir nahelegen wollen, dass du doch nur deine Zeit verschwendest. Es ist dein Leben, nicht ihres! Für dich muss es Sinn machen. Nicht für sie!

Vielleicht hörst du öfter, dass du »jetzt« etwas vom Leben haben sollst. Alles, was dich freut, sollst du »jetzt« machen. Diesen Tipp solltest du mit Vorsicht genießen: Lass dich nicht von der **Angst** unter Druck setzen, dass dir die Dinge davonlaufen. Erlebe deine Träume, wenn du soweit bist – es hat keinen Sinn, wenn du halbe Sachen machst, nur weil du krampfhaft alles schon »jetzt« haben musst. Wenn du das versuchst, können deine Hobbys und Wünsche sehr schnell **von einer Erfüllung zu einer Belastung** werden.

»Jetzt« ist immer ein guter Zeitpunkt, um anzufangen dein Leben zu gestalten und deine Träume zu verwirklichen. Was die Details angeht, die du genießen möchtest, ist es allerdings in vielen Fällen besser, wenn du den richtigen Zeitpunkt abwartest: Das Erlebnis ist nämlich ein **durchaus anderes**, wenn du bereits die richtigen Bedingungen geschaffen hast, damit du deine Leidenschaften in vollen Zügen ausleben und genießen kannst.

Gibt es für dich nur das »Hier und Jetzt«, dann hast du stets auch nur die Möglichkeiten des Moments – das, was du eben jederzeit zur Verfügung hast. Dann nimmst du dir selbst die Chance etwas aufzubauen, das über diese Möglichkeiten hinausgeht.
Ein ganz einfaches Beispiel zum besseren Verständnis: Wenn du bereit bist »im Moment« Geld zu sparen, kannst du dir auch größere Anschaffungen leisten; wenn nicht, beschränken sich deine finanziellen Möglichkeiten dauerhaft auf »alltägliche« Summen.
Wenn du also einen Traum hast, der größer ist als das, was dich in deinem Alltag schon jetzt umgibt, dann kannst du ihn nur wahr machen, indem du im »Hier und Jetzt« in deinen Traum investierst.

Lass dich nicht verunsichern, wenn andere behaupten, dass du dein Leben verpasst, weil du im »Hier und Jetzt« auf etwas verzichtest und auf die Zukunft hinarbeitest. Diese Kritik wäre vielleicht berechtigt, würdest du nur darauf »warten«, dass dir dein Traum »passiert«. Aber das tust du als Freizeitpionier nicht. Du arbeitest aktiv darauf hin – und schon das allein kann erfüllender und sinnstiftender sein als so mancher alltägliche Zeitvertreib.

Vielleicht kommt dir der Gedanke trotzdem etwas weltfremd vor, so viel Kontrolle über das eigene Leben übernehmen zu wollen. Aber was, wenn ich dir jetzt sage, dass wir Menschen uns diese Grundidee schon sehr lange zu Nutze machen? Die Menschheit hat schon vor tausenden von Jahren angefangen, das eigene Umfeld zu gestalten und besser an die eigenen Bedürfnisse anzupassen.
Fast alle Menschen tun das bereits individuell, beispielsweise wenn sie sich Wohnraum schaffen. Zweifelsfrei ist es angenehmer und auch schöner, sich im Winter im geheizten, beleuchteten Wohnraum aufzu-halten als draußen, bei Dunkelheit und Kälte. Es ist ein ganz anderes Lebensgefühl, drinnen zu sein, wo es genug zu essen gibt, wo wir nicht frieren müssen und wo wir Licht und Unterhaltung haben. Hätte der Mensch nicht angefangen die eigene Lebensrealität zu formen, würden wir im Winter wie Wildtiere draußen leben und ums Überle-ben kämpfen.
Der Mensch hat angefangen Systeme zu entwickeln und Strukturen zu schaffen, um sich eine angenehmere Lebenswelt aufzubauen. Durch diesen gestaltenden Eingriff hat er sein eigenes Leben vom bloßen Überlebenskampf zu einer Existenz gewandelt, die Raum für mehr lässt und uns die Möglichkeit gewährt, unserem Leben einen tieferen Sinn zu geben.
Durch diese jahrtausendelangen Bemühungen, uns vom bloßen Über-lebenskampf zu emanzipieren, hat sich dankenswerter Weise etwas sehr Positives entwickelt: Die Freizeitgesellschaft, in der wir heute leben. Noch nie in der Geschichte ist es uns Menschen derart gut ge-gangen wie seit einigen, wenigen Jahrzehnten. Wir leben in einer gol-denen Ära!
Aber jetzt kommt der blanke Wahnsinn: Sehr viele Menschen nutzen diese großartige Möglichkeit gar nicht! Sie schlagen ihre (Frei)Zeit tot, betäuben ihre Sinne mit wertlosem Datenmüll, der sich Unterhaltung

schimpft, und/oder fallen in alte Muster zurück und ordnen sich viel zu sehr ihrer System-Erhalter-Rolle unter.

Als Freizeitpionier wollen wir bewusst die Möglichkeit ergreifen, unser Leben individuell zu gestalten. Wir bemühen uns möglichst viel Negatives aus unserem Alltag wegzurationalisieren, während wir Raum für mehr Positives schaffen. Wir perfektionieren den jahrtausendealten Ansatz, unsere Lebensrealität zu gestalten und fokussieren unseren Lebenstraum. Auf diesem Weg können wir unsere Wünsche wahr machen und unser Leben **erleben,** statt es nur zu **verleben.** So können wir den entscheidenden Unterschied herstellen, zwischen einem leeren Dasein zu einem erfüllten Leben!

5. Visionen und magische Gedankenexperimente

Bevor du damit anfangen kannst deinen Lebenstraum wahr zu machen, ist es natürlich notwendig, dass du diesen Traum auch wirklich gut kennst. Du kannst erst dann konsequent auf dein Ziel zugehen, wenn du es möglichst klar vor deinem inneren Auge siehst (d.h. eine Vision von deinem Ziel entwickelst, bzw. es visualisierst).
Vielleicht kennst du dein Ziel schon längst? Du weißt genau, wie dein Leben sein muss, damit es **für dich** allen Sinn der Welt hat? Super, dann kannst du deinen Weg als aufbauender Freizeitpionier gleich in Angriff nehmen!
Möglicherweise ist dir aber noch gar nicht klar, was du **wirklich** willst? Du hast einfach das Gefühl, dass dir im Leben etwas fehlt und, dass du dein Leben irgendwie verpasst, aber du bist gar nicht so sicher, woran das liegt, bzw. was dir wirklich fehlt.

Falls du noch keine konkrete Vorstellung – oder sogar schon eine ausgeprägte Vision – von deinem Lebenstraum hast, kann dir dieses Kapitel bei der Entwicklung deines Traumes helfen. Aber selbst, wenn du eigentlich schon genau weißt, was du willst, schadet es nicht, wenn du noch einmal gründlich darüber reflektierst. Du solltest auf jeden Fall sichergehen, dass es wirklich dein Traum ist und nicht nur irgendeine Idee, die dir dein Umfeld bzw. die Gesellschaft in den Kopf gesetzt hat.

Damit du deine Vision besser kennenlernen kannst, lade ich dich zu einem gedanklichen Experiment ein: Stell dir einfach einmal vor, du wärest der Zauberei mächtig. Lass dich auf diesen Gedanken ein. Verinnerliche dieses Gefühl. Du hast alle Macht der Welt. Nichts und niemand steht dir im Weg. Geld spielt keine Rolle mehr. Es ist für dich nur noch wertloses Papier, weil du jetzt etwas viel Mächtigeres besitzt. Deine Möglichkeiten sind grenzenlos. Was auch immer du dir wünscht – du kannst es ganz einfach real werden lassen!

Lass dir ruhig Zeit für diese Vorstellung. Überlege dir in aller Ruhe was du jetzt machst, da du tun kannst was du willst. Denke über die ersten Momente hinaus: Du wirst wahrscheinlich erst einmal ein paar Dinge in deinem Leben verändern. Wie sieht dein Alltag jetzt aus? Wo hältst du dich auf? Was tust du? Mit wem verbringst du deine Zeit? Wie fühlst du dich jetzt, nachdem du alles so gestaltet hast wie du es haben willst?

Gönne dir diesen gedanklichen Ausflug in die Utopie. Erlebe einmal (oder gerne auch mehrmals, so oft du willst) eine Welt ganz nach deinen Wünschen. Ja wirklich: Stell sie dir nicht nur flüchtig vor – erlebe sie! Lass deiner Phantasie freien Lauf!

Dieses Gedankenexperiment bietet zuweilen eine sehr wohltuende Pause vom täglichen Leben. Das ist allerdings nur ein angenehmer Nebeneffekt und noch gar nicht der eigentliche Sinn der Sache: Worum es wirklich geht, ist, dass du ein besseres Gefühl dafür bekommst was dich wirklich glücklich macht und was für dich tatsächlich erfüllend ist!

Die harte Wirklichkeit und unser Umfeld lehren uns immer wieder, unsere Ziele möglichst klein zu halten: Du sollst dir nur etwas wünschen, das rasch und unkompliziert umsetzbar ist – sonst erlebst du ja doch nur eine Enttäuschung. So weit, so gut … nur ist das, wonach es dich aus tiefster Seele verlangt, womöglich nicht schnell und einfach realisierbar.

Was passiert also, wenn du dich unreflektiert nur auf kleine, realistische Ziele konzentrierst? Ganz einfach: Dann erreichst du ein kleines Ziel nach dem anderen und bist **trotzdem nicht glücklich**. Du wunderst dich: Warum freust du dich nicht? Bist du einfach so abgestumpft? So undankbar? Geht es dir einfach schon zu gut? Nein! Du bist deshalb mit deinen Erfolgen unzufrieden, weil es schlicht und einfach nicht deine **wirklichen Ziele** gewesen sind, die du erreicht hast.

Wir machen uns gar keine Vorstellung davon, wie sehr wir uns selbst und unsere Wünsche zurücknehmen, nur damit wir uns nicht an etwas heranwagen müssen, das für uns nicht in einem von Anfang an überschaubaren, gut planbaren Rahmen erreichbar ist. Mit dieser Herausforderung können viele Menschen von vorn herein nicht umgehen. Das Resultat ist, dass sie ihre ganze Energie lieber für **Pseudo-Träume** vergeuden – also für Ziele, die sie eigentlich nur erreichen wollen, weil sie gemeinhin als »realistisch« gelten ... die ihnen allerdings, wenn sie erst erreicht sind, keine Erfüllung bieten.

Hinzu kommt noch, dass sehr viele Ziele stark gesellschaftlich geprägt sind. Der Herdentrieb erzeugt in uns Pseudo-Träume, frei nach dem Motto: *»Die anderen wollen es, also will ich es auch!«*

Aus diesen Gründen kann es sinnvoll sein, diese Barriere mit Gedankenexperimenten und Reflexion zu durchbrechen und auf diesem Weg einen Zugang zu unseren wirklichen Wünschen zu bekommen. So kannst du außerdem vermeiden, dass du Tag für Tag deine Bemühungen vergeudest, nur um einem gesellschaftlichen Ideal zu entsprechen, oder um irgendeinem Menschen etwas zu beweisen.

Erst wenn du dich intensiv mit dir selbst auseinandergesetzt hast und echte Klarheit darüber hast, was du tatsächlich vom Leben willst, macht es wirklich Sinn nach Wegen zu suchen – oder Wege zu schaffen – auf denen du deine Träume auch in der Realität (ohne die gedankliche Zuhilfenahme von Magie) erreichen kannst.

Sobald dir das gelungen ist, hast du einerseits die Gewissheit, dass du auf der richtigen Spur bist – und andererseits ist auch dein Antrieb ein ganz anderer: Wenn du ein wirklich essentielles Ziel verfolgst, ist es ein vollkommen anderes Gefühl, Aufwand zu investieren. Dann laugt dich die Arbeit nicht aus – sie gibt dir noch zusätzlich Kraft!

Während du auf der Suche nach deinem Lebenstraum dein Inneres erforschst, gibt es eine Sache, auf die du gut aufpassen solltest: Wenn du dir vorstellst, dass deine Möglichkeiten grenzenlos sind, kommen dir natürlich eine ganze Menge netter Sachen in den Sinn: Vielleicht ein Ferienanwesen auf den Bahamas, ein Privatjet, ein eigener Golfplatz und so weiter. Es gibt natürlich sehr viele Dinge, die sehr teuer sind und die du gerne hättest.

Allerdings ist es nicht Sinn dieser Übung, dass du dir einfach nur möglichst viel Luxus wünschst. Sicher wäre es schön, diesen Luxus zu haben. Aber für sich allein genommen, machen auch diese exquisiten Dinge im Regelfall nur kurzfristig, nicht aber nachhaltig glücklich. Es sind in Wahrheit nur Nebensächlichkeiten in einer anderen finanziellen Dimension.

Daher musst du dir an diesem Punkt folgende Frage stellen: Was von all dem, was du dir vorgestellt hast, ist wirklich Teil von deinem Lebenstraum – und was sind nur (sehr teure) Nebensächlichkeiten, die du dir mit dem nötigen Kleingeld eben leisten würdest?

Es ist sehr wichtig, dass du dir diese Frage stellst! Sonst erreichst du mit diesem Gedankenexperiment schnell das Gegenteil von dem, was du eigentlich bezweckt hast: Anstatt mehr Klarheit über deinen Lebenstraum zu bekommen, würdest du deinen Fokus darauf eher mit praktisch unerreichbaren (jedoch nicht nachhaltig erfüllenden) Wunschvorstellungen vernebeln.

Mach dir keine Sorgen, wenn das Gedankenexperiment nicht auf Anhieb funktioniert, bzw. dir nicht sofort eine Antwort auf die Frage nach deinem Lebenstraum liefert.

Solche Experimente – oder auch direkte Selbstreflexion, ohne unterstützende Gedankenexperimente – funktionieren meistens nicht gleich beim ersten Mal. Es ist ein Lernprozess. Ja, so komisch das klingen mag: Du musst womöglich erst einmal lernen, richtig auf dich selbst zu hören.

Versuche es also gerne wieder, auch wenn das Gedankenexperiment sich im ersten Moment vielleicht nur anfühlt wie ein sonderbarer Tagtraum und du erst einmal keine sinnvollen Erkenntnisse daraus gewinnen kannst. Je vertrauter du mit der Reflexion wirst, umso wahrscheinlicher wird sie anfangen dir Ergebnisse zu liefern.

Bei derartigen gedanklichen Experimenten wirst du auch selten auf etwas vollkommen Neues kommen. So ungefähr weißt du ja, was du im Leben gerne erreichen willst. Was dir aber vielleicht noch nicht bekannt ist, sind die Details – und die kannst du herausfinden, wenn du einfach einmal anfängst deinen Traum in deiner Phantasie zu erleben: Dann merkst du, was dir wirklich guttut, was im Grunde unnötig ist und was deinem bisherigen Traum in Wahrheit noch fehlt.

Wie auch immer du an die Sache herangehst: Nimm dir auf jeden Fall die notwendige Zeit, um die **richtige** Antwort zu finden. Produktive Gedanken kann man nicht erzwingen, nur begünstigen. Lass dich also nicht zu einer **vorschnellen** Antwort verleiten. Es geht immerhin um dein Lebensglück!

Ich selbst bediene mich der Tagträumerei schon sehr lange. Das ist etwas, das ich mir aus der Kindheit bewahrt habe. Manchmal ist ein anregender, interessanter Tagtraum einfach reizvoller als der reale Alltag. Außerdem kann dir ein Tagtraum dabei helfen, du selbst zu bleiben, wenn dir in der Realität einstweilen die Perspektiven fehlen; er kann dir dabei helfen, dass du nicht resignierst und dich deinem Schicksal fügst, sondern weiter standhaft bleibst; er hilft dir dabei, dass nicht dein Alltag dich verbiegt, sondern du deinen Alltag formst, indem du deinen Lebenstraum nach und nach real werden lässt.

Wenn du dir in Gedanken bereits ausmalst, was du in Wirklichkeit erleben willst, kreierst du eine **Vision**. Hast du die erst einmal entwickelt, kannst du anfangen mit ihr zu arbeiten. Das bedeutet, dass du jetzt damit beginnen kannst deinen Traum zu verwirklichen.

Wie du das schaffen kannst? Genau damit befassen wir uns schon im nächsten Kapitel.

6. Träume verwirklichen

So, jetzt wird es richtig spannend! Jetzt wollen wir unsere wirklichen Träume wahr machen!
Aber ... wie geht das eigentlich? Du kennst dein Ziel; du siehst es ganz klar vor deinem geistigen Auge. Oh ja! Du siehst, was du willst – aber du hast keine Ahnung wie du es mit den Möglichkeiten, die du zur Verfügung hast, erreichen sollst. Eh klar! Ist ja auch unrealistisch. Nur Träumerei. Es geht doch gar nicht, dass du genau das bekommst, was du wirklich willst. Oder gibt es etwa doch einen Weg?

Tja. An diesem Punkt endet so mancher gute Rat. Kluge Sprüche wie *»Glaub an dich selbst!«* oder *»Lebe im Hier und Jetzt!«* helfen dir bei deinem Vorhaben keinen Schritt weiter. So ist es meistens: Reden kann man viel ... aber wenn es ums **Handeln** geht, dann geht so manchem Dampfplauderer schnell die Luft aus.
Genau hier liegt eine wesentliche Stärke des Freizeitpionier-Konzepts: Es ist praxisnah! Als Freizeitpioniere ebnen wir Wege, die für viele andere immer undurchdringlich scheinen werden. Deshalb werden wir uns in diesem und den folgenden Kapiteln möglichst greifbar (auch anhand von praktischen Beispielen) damit beschäftigen, wie du deine Träume verwirklichen kannst!

Im vorigen Kapitel spreche ich davon, wie Tagträumerei dir dabei helfen kann, deine Vision zu entwickeln. Sobald du deine Vision aber hast, ist es wichtig, dass du aufhörst nur davon zu träumen, sondern anfängst konkrete erste Schritte zu setzen.
Du musst wirklich verinnerlichen, dass dein Traum nicht von selbst passieren wird. Es liegt in deiner Hand! Du bist der **entscheidende Faktor** dafür, ob dein Traum wahr werden kann oder nicht!

»Das sagt sich alles so leicht«, wirst du dir jetzt vielleicht denken. Ja wirklich, was bedeutet das jetzt ganz konkret für deinen Traum? Aber vor allem: Was kannst du hier und jetzt tun, damit er real werden kann? Wichtig ist, dass du überhaupt erst einmal anfängst! Da Lebensträume sehr individuell sind, gibt es kein universelles Schritt-für-Schritt Patentrezept dafür, wie du dein Ziel sicher erreichen kannst. Eines kann ich dir allerdings versichern: Die Dinge werden nur anfangen zu laufen, wenn **du** aktiv wirst! Durch bloßes Träumen wird nichts passieren. Deinen Traum wird kein anderer für dich realisieren, ganz egal wie oft du davon erzählst. Du selbst musst einen ersten Schritt setzen, damit dein Lebenstraum Realität werden kann.

Einen ersten Schritt setzen? Wie macht man das? Was muss man dafür tun? Nun, das hängt ganz davon ab, was du erreichen möchtest. Versuche einen ungefähren gedanklichen Weg von deinem momentanen Standpunkt zu deinem Ziel auszuarbeiten. Deine Phantasie ist gefragt: Wie glaubst du, dass du dein Ziel am schnellsten erreichen kannst? Oder: Auf welchem Weg möchtest du dein Ziel am liebsten erreichen? Was kannst du im Rahmen deiner aktuellen Alltagsrealität machen, damit du anfängst dich auf dein Ziel zuzubewegen? Wenn du diese Fragen gewissenhaft mit dir selbst klärst, beantwortest du dir die Frage, wie du einen Anfang machen kannst, in Wahrheit selbst.

Damit diese Überlegung nicht zu abstrakt wird, erkläre ich am besten Anhand von meinem eigenen Beispiel, wie dieses »erste Schritte setzen« funktioniert.

Vor mehr als 10 Jahren, während meinem Studium, habe ich die Vision entwickelt, meinen Lebenstraum auf dem Weg zu realisieren, Schriftsteller zu werden. Das war ganz bestimmt nicht der »bodenständigste« Plan – aber Schriftsteller, bzw. Kunstschaffender zu sein, passte nun einmal gut in meine Vorstellung vom Leben … im Gegensatz zu so mancher bodenständigen Alternative.

Ich wollte die Freiheit, meine eigenen Ideen zu verarbeiten und etwas daraus entstehen zu lassen. Ich wollte meine Ideen zum Leben erwecken! Ich wollte sie auf fiktiver Basis abstrahieren und literarische Kunst schaffen. Ich wollte diese Kunst veröffentlichen – und darauf eine Existenz und damit auch die Basis für die Verwirklichung vieler **Details** meines Lebenstraumes begründen.

So weit, so gut. Die Vision war da ... nur hatte ich absolut keine Ahnung davon, wie man ein Buch schreibt – geschweige denn, wie man als Autor Fuß fassen kann. Eine Schritt-für-Schritt-Anleitung, wie ich das sicher schaffen konnte, gab es nicht. Für viele andere war mein Vorhaben damit wohl nichts als naive Träumerei.

Ich selbst wusste allerdings was ich zu tun hatte. Zwar kannte ich längst noch nicht den ganzen Weg zum Ziel, doch immerhin hatte ich einen Ansatz. Etwas, woran ich Tag für Tag weiterarbeiten konnte. Also habe ich einfach angefangen zu schreiben.

Was lernen wir aus diesem Beispiel? Wenn du deinen Traum verwirklichen willst, ist es erforderlich, dass du einen Anfang machst! Es muss gar nicht perfekt geplant sein – die Hauptsache ist, dass du einen ersten Schritt tust.

Hast du es erst geschafft einen Anfang zu machen, ist der weitere Weg in Wahrheit »learning by doing« – wenn du engagiert an deiner Idee arbeitest, sammelst du automatisch ständig Erfahrungen. Du beginnst die für deinen Traum relevanten Informationen zu erkennen und ein Gespür dafür zu entwickeln, welche weiteren Schritte für dich sinnvoll sein können. So kannst du deinem Traum sukzessive näherkommen.

Je weiter du kommst und je mehr nützliche Struktur du dir aufbaust, umso effektiver und reichhaltiger werden die Möglichkeiten, die du zur Verfügung hast.

Dieser Effekt begegnet mir übrigens auch, wenn ich einen Text schreibe – egal, ob es sich um einen kurzen Blogartikel handelt oder um ein ganzes Manuskript. Der Anfang, wenn ich vor einem leeren Dokument sitze, ist das Schwierigste. Das blockiert mich, weil ich nichts habe, auf das ich aufbauen kann. Sind dann aber ein paar Zeilen entstanden, die meine Idee wenigstens halbwegs zum Ausdruck bringen, habe ich einen Ansatz, den ich weiter ausbauen kann. So kann ich meinen Text auf- und ausbauen: Zu Beginn ist es manchmal eher ein Herumprobieren, bzw. Experimentieren, doch nach und nach entsteht eine Struktur – und dann kann es wirklich losgehen.

Von diesen ersten Zeilen bleibt oft kaum etwas (oder gar nichts) übrig, weil ich zu einem späteren Zeitpunkt eine viel bessere Einleitung formuliere. Der Punkt ist aber, dass ich ohne diese Zeilen am Anfang, auf die ich aufbauen kann, gar nicht so weit kommen würde, dass ein Text da wäre, den ich bearbeiten könnte.

Genauso kann es auch bei deinem Weg sein: Vielleicht kommst du nach einigen Schritten drauf, dass dein Anfang »ganz schön naiv« gewesen ist. Das ist nicht unwahrscheinlich, da du es zu diesem Zeitpunkt einfach schon besser weißt, bzw. schon bessere Möglichkeiten hast. Der springende Punkt ist aber: Du wirst nie so weit kommen, um festzustellen, dass dein Anfang naiv oder wenig produktiv gewesen ist, wenn du nie einen Anfang machst; wenn du nie die Entscheidung triffst, ab sofort aktiv und konsequent damit zu beginnen, deinen Lebenstraum wahr zu machen.

Sobald du dir eine erste Basis aufgebaut hast, ist es wichtig aus dieser reinen **Experimentierphase** herauszufinden: Wenn du deinen eigenen Weg gehst und nicht einem altbekannten Schema folgst, wirst du zwar auch weiterhin experimentieren – aber du entwickelst nach und nach ein Gespür dafür, ob ein Ansatz für den nächsten Schritt das Potential hat zu funktionieren. Dann tastest du dich nicht mehr nur in Richtung deines Ziels vorwärts, sondern kannst bereits anfangen deinen Weg aktiv zu **planen**.

Hast du dich dazu entschieden, deinen Traum zu realisieren, solltest du einen Fehler nicht machen: Nach dem Anfang allmählich nachlassen. Als Freizeitpionier brauchst du **Beharrlichkeit**!

Allerdings fällt es dir auch viel leichter, am Ball zu bleiben, wenn du deine wirklichen Träume und nicht irgendwelche Pseudo-Ziele anvisierst: Echte Träume erzeugen auch echte Motivation!

Es ist etwas vollkommen anderes, wenn du auf deinen wirklichen Traum hinarbeitest, als auf eine Vernunftentscheidung, einen Kompromiss oder etwas Ähnliches.

Ein Beispiel: Wenn du von einem Haus mit Garten träumst, aber auf eine Genossenschaftswohnung mit Balkon hinarbeitest, weil dieses Ziel leichter erreichbar scheint, schadet das deiner Motivation. Dein gesetztes Ziel wirst du vielleicht trotzdem erreichen (nicht aber deinen wirklichen Traum, der bleibt unerfüllt), allerdings wirst du nicht wirklich glücklich damit sein – und das weißt du, tief in dir drin. Deswegen wird dir auch auf dem Weg dorthin die Motivation fehlen, weshalb dir das Hinarbeiten sehr viel mühseliger vorkommen wird: Die Arbeit, die etwaigen Überstunden, das Sparen, der Verzicht auf Urlaub, und so weiter. Im Endeffekt wirst du also etwas haben, womit du nicht wirklich glücklich bist und du wirst das Gefühl haben, dass du sehr, sehr schwer dafür schuften musstest und immer noch musst.

Jetzt legen wir dieses Beispiel auf den gesamten Alltag um: Was soll es sein? Irgendwelche Pseudo-Ziele, die du dir setzt, weil andere immer meinen »man muss sich (realistische) Ziele setzen«, für die du deine Zeit und deine Energie vergeudest und mit denen du nie richtig glücklich sein wirst – oder deine echten Träume, die du erreichen möchtest, weil du es wirklich willst? Vielleicht dauert es etwas länger; vielleicht ist das Risiko etwas größer. Aber im Endeffekt gibt dir schon das bloße Hinarbeiten ein gutes Gefühl und jedes erreichte Zwischenziel ist ein echter Erfolg!

Daher ein paar Seiten zuvor die Frage, auf welchem Weg du dein Ziel am liebsten erreichen möchtest: Wichtig ist, dass du dich auch auf deinem Weg wohlfühlst und dir nach Möglichkeit schon die Arbeit an deinem Lebenstraum Erfüllung gibt. Dann ist es sehr viel wahrscheinlicher, dass du mit Beharrlichkeit (und Freude) an der Realisierung deines Traumes arbeiten wirst.

Beharrlichkeit habe ich auch gebraucht, als ich mein erstes Buch geschrieben habe: Die Arbeit an meinem ersten Roman hat bis zur Veröffentlichung beinahe 2 Jahre in Anspruch genommen – und dabei wusste ich noch gar nicht, ob das Buch jemals verlegt, geschweige denn sich verkaufen würde. Hätte ich meine Vision nicht gekannt, so hätte ich dieses Durchhaltevermögen mit großer Wahrscheinlichkeit nicht gehabt. Da ich allerdings für mich selbst erkannt hatte, dass dieser Weg für mich von allen Möglichkeiten die reizvollste war, konnte ich getrost Zeit und Energie in das Manuskript investieren.

Das bedeutete auch, dass ich während dem Schreibprozess in anderen Bereichen des Alltags kürzertreten musste: Zum Beispiel musste ich mich für andere Menschen öfters rarmachen. Manchmal hatte ich eben einfach keine Zeit für geselliges Beisammensitzen. Ein Umstand, an den ich mein Umfeld erst gewöhnen musste.

Wenn du daran arbeitest, deinen Traum zu verwirklichen, stößt du unter Umständen schnell an die Grenzen der sozialen Akzeptanz. Viele Menschen aus deinem Umfeld glauben vielleicht nicht so wie du daran, dass du es schaffen wirst. Sie sind nicht dazu in der Lage zu verstehen, warum du hier und heute auf etwas verzichtest, um in der Zukunft einen aktuell noch nicht greifbaren Traum wahr zu machen. Für sie kann der Eindruck entstehen, dass du dich selbst zu etwas zwingst oder einfach nur deine Zeit vergeudest, wenn du fokussiert an deiner Idee arbeitest.

Aber nur weil andere diesen starken, inneren Antrieb nicht verstehen den du spürst, wenn du deinem wirklichen Traum näherkommst, bedeutet das nicht, dass du auf einem Irrweg bist. Lass dich nicht von eventuellem Kopfschütteln anderer Leute verunsichern. Wichtig ist einzig und allein, dass du selbst weißt, warum du deinen Weg gehst.

Als Freizeitpionier kanalisieren wir unsere Kräfte auf unsere Vision. Wir bahnen uns einen Weg, auch wenn andere sagen, dass wir nur unsere Zeit verschwenden. Wir schaffen uns Schritt für Schritt eine Struktur und rücken damit das scheinbar Unerreichbare sukzessive in greifbare Nähe. Das ist ein wesentlicher Grund dafür, weshalb wir unsere Wünsche realisieren können, während das so vielen anderen nicht gelingt.

Das sind durchaus nicht nur schöne Worte – das ist real! Das Freizeit-pionier-Konzept kann Dinge ermöglichen, die unter normalen Umständen einfach nur utopisch sind. Wie effektiv es wirklich ist, möchte ich dir gerne mit einem weiteren persönlichen Beispiel veranschaulichen.

In der Einleitung erwähne ich, dass ich mit 26 schuldenfrei ein Haus gekauft habe. Obwohl ich zu keinem Zeitpunkt ein Großverdiener gewesen bin ... ganz im Gegenteil, ich war damals erst seit 3 Jahren mit dem Studium fertig und habe in diesen 3 Jahren auch nicht durchgehend gearbeitet.

Also! Wie ist es dann möglich, dass ich mir den Traum vom Eigenheim realisiert habe, im Alleingang, ohne Schulden und ohne einen gut bezahlten Job?

Das war möglich, da ich die **Vision**, mit Mitte 20 ein eigenes Haus zu besitzen, schon seit meiner Teenagerzeit gehabt hatte. Demnach habe ich auch damals schon begonnen, mich darauf vorzubereiten: Indem ich scheinbar kindlich naiv jeden Euro gespart habe und zusätzlich nach Wegen Ausschau gehalten habe, etwas extra zu verdienen: Pfand-flaschen sammeln, Altmetall verkaufen, etc.

Das bedeutet gar nicht, dass ich als Teenager ständig nur gearbeitet hätte ... in Wahrheit hatte ich mich nicht einmal um Ferialjobs bemüht, sondern die Ferien und Wochenenden meist genossen. **Aber** – wenn mir langweilig war, habe ich kein Geld ausgegeben, um mich zu unterhalten, sondern die Zeit genutzt, um Möglichkeiten zu finden mein Taschengeld etwas aufzubessern. Nur ein kleiner Unterschied – aber wie sich gezeigt hat, ein sehr wesentlicher!

Mit dieser Herangehensweise hatte ich mir selbst nämlich sukzessive die Möglichkeit aufgebaut, eine Gelegenheit zu ergreifen sobald sie sich bieten würde. Genau das war mein Haus: Ein Gelegenheitskauf – etwas, das man um den Preis nur selten angeboten bekommt. Der entscheidende Punkt ist allerdings, dass ich diese Gelegenheit gar nicht hätte ergreifen können, hätte ich nicht schon länger Vorbereitungen dafür getroffen, diesen Traum wahr werden zu lassen!

Hätte ich das Geld nicht gespart gehabt und hätte ich nicht fest daran geglaubt, dass ich mir darum ein Haus kaufen kann (andere haben versucht mir zu erklären, dass mein Budget viel zu klein ist und sich das niemals ausgehen kann), dann wäre ich auch nicht zu einem eigenen Haus gekommen. Dann würde ich jetzt in einer Mietwohnung hausen und mein Alltag würde vollkommen anders aussehen.

Ja tatsächlich! Mit dem Hauskauf habe ich noch deutlich weitreichender zu einer positiven Gestaltung meiner Lebensrealität beigetragen als im ersten Moment erkennbar: Denn mit diesem Haus habe ich mir nicht einfach nur ein Dach über dem Kopf gekauft – ich habe mir außerdem die Freiheit geschaffen, noch viel effektiver meinen eigenen Weg zu gehen!

Könnte ich es mir leisten freischaffender Künstler zu sein, wenn ich jeden Monat 700 Euro für die Wohnungsmiete aufbringen müsste? Nein, das könnte ich nicht. Das würde sich finanziell nicht ausgehen und selbst wenn, wäre das Risiko einfach zu groß. In diesem Fall wäre ich dazu gezwungen, meine Energie darauf zu konzentrieren, Monat für Monat das nötige Geld aufzubringen, um die hohen laufenden Kosten abzudecken; nachdem ich diese aber niedrig halte – allem voran indem ich mir Miete und Kreditrückzahlungen gänzlich erspare – habe ich ganz andere Möglichkeiten: Weil ich das Haus habe, kann ich es mir leisten einer Berufung aus Leidenschaft nachzugehen!

Wenn wir schon von Leidenschaft sprechen: Mein Leben dreht sich natürlich nicht nur ums Bücherschreiben. Eine meiner Leidenschaften ist schon seit meiner Kindheit das Automobil. Für mich sind Autos mehr als nur Gebrauchsgegenstände. Ich interessiere mich für viele verschiedene Modelle – und jetzt, da ich über den nötigen Platz verfüge, kann ich seit ein paar Jahren schon meiner Leidenschaft nachgehen und Autos sammeln. Gegenwärtig besitze ich 10 Autos, wobei meine

Sammlung sehr vielfältig ist: Vom klassischen Jaguar über den amerikanischen Straßenkreuzer bis hin zum Ostblock-Oldtimer ist alles Mögliche vertreten. Dieses etwas extravagante Hobby kann ich mir natürlich nur deshalb gönnen, da ich einerseits viel private Abstellfläche besitze – und andererseits, weil ich mein Geld nicht für die monatliche Miete ausgeben muss. Beide Voraussetzungen habe ich dank der Tatsache, dass ich mir damals mein Haus kaufen konnte!

Was erkennen wir anhand von diesem Beispiel? Ganz richtig: Wenn wir anfangen Schritte zu setzen, damit sich unser Leben in die Richtung bewegt, die wir anstreben, schaffen wir damit ganz automatisch die Basis dafür, damit uns das in Zukunft viel einfacher und dazu noch besser gelingt.

»Aller Anfang ist schwer« heißt es im Volksmund – und es stimmt. Wenn wir anfangen unser Leben zu gestalten, erwartet uns oft erst einmal eine **Durststrecke**. Freizeitpionier zu sein, ist nicht unbedingt vom ersten Tag an ein pures Vergnügen. Doch mit jedem Erfolg wird es besser – weil unsere Erfolge (also unsere bereits realisierten Träume) uns dabei helfen, dass wir noch weitere Träume (besser, schneller und einfacher) verwirklichen können!

Besonders in der Anfangsphase ist es wichtig, dass wir Gelegenheiten erkennen und auch nutzen. Wir müssen effizient sein. Dabei müssen wir allerdings darauf achten, dass diese Gelegenheit auch zu unseren Plänen, bzw. Vorstellungen passen. Das verlockendste »Schnäppchen« nützt uns nämlich nichts, wenn wir unsere Träume an die Gelegenheit anpassen müssten. Was wir brauchen, sind Gelegenheiten, die uns dabei helfen unsere Träume zu realisieren!

Für ein besseres Verständnis kehren wir noch einmal zu dem Beispiel »Hauskauf« zurück: Mein Haus war bestimmt nicht die erste preisgünstige Immobilie, auf die ich aufmerksam geworden bin. Tatsächlich hätte ich mir noch früher ein Haus kaufen können: Irgendein verfallenes, altes Bauernhaus in der Peripherie auf kleinem Grund. Angebote gab es durchaus. Allerdings hätte ich dann mein Leben zu sehr an die Immobilie anpassen müssen … ich hätte mich etwa an einen vollkommen neuen Wohnort gewöhnen müssen, was ich nicht wollte. Ja tatsächlich hatte ich, obwohl mein Budget sehr bescheiden war, auch noch gewisse Anforderungen: Zum Beispiel war es mir wichtig, in unmittelbarer Nähe von Eisenstadt zu bleiben. Mittlerweile, wie man so sagt, ein sündhaft teures Pflaster. Das Haus durfte renovierungsbedürftig sein, aber nicht verfallen. Ich wollte ein Haus, das mit etwas Arbeit wieder bezugsfertig ist und keine Ruine, deren Sanierung mich mehr kosten würde als ein Abriss mit anschließendem Neubau. Außerdem wollte ich einen möglichst großen Garten haben. Ich bin ein Mensch, der viel Platz für sich selbst braucht. Raum, um zu gestalten und meine Interessen auszuleben. Wenn ich das nicht habe, fühle ich mich nicht wohl … und als Freizeitpionier liegt es mir fern mich auf ein Ziel zu konzentrieren, mit dem ich mich schon von vornherein nicht wohlfühle!

Es ist schon seltsam … obwohl mein Herangehen an den Traum »Haus mit Garten« so kindlich naiv war und ich zusätzlich noch Anforderungen hatte, habe ich diesen Traum dank dem Freizeitpionier-Konzept viel früher erreicht als die meisten Menschen (die ihn überhaupt jemals erreichen). Vor allem auch ohne Kredit und ohne gemeinsame Finanzierung mit einer Partnerin. Mein Haus gehört einzig und allein mir – und nicht für die nächsten 30-40 Jahre noch der Bank!

Allerdings möchte ich nicht verschweigen, dass es auch hier eine Durststrecke gab: Im ersten Moment war es schmerzhaft, auf einen Schlag praktisch meine kompletten Ersparnisse loszuwerden – obwohl ich wusste, dass allein schon das große Grundstück in dieser Lage das Geld locker wert war.
Dann folgte die Renovierung. Ein Prozess, der etwa ein dreiviertel Jahr lang mein Konto permanent leergeräumt und mich sehr viel Freizeit gekostet hat. Außerdem musste ich einige handwerkliche Fähigkeiten erlernen, von denen ich bis dahin kaum Ahnung gehabt hatte.

Obwohl ich heute weiß, dass dieser Hauskauf das wohl beste Geschäft meines bisherigen Lebens gewesen ist, waren es einige ziemlich harte Monate, bis ich anfangen konnte von meiner Investition zu profitieren. Doch es hat funktioniert: Ein paar Monate harte Arbeit auf meiner eigenen Baustelle ... für lebenslange Freiheit von Miete und Kreditrückzahlungen.

Warum ich dir von dieser weniger angenehmen Episode erzähle? Weil ich dir damit klarmachen möchte, dass die Erfüllung deiner Träume nicht immer nur aus purer Freude besteht. Es gibt diese Durststrecke und es ist ganz normal und auch okay, wenn du dabei mal in Versuchung kommst, dein Leben zu verfluchen. Das sind Momentaufnahmen, die gehen vorbei ... was bleibt, ist der Traum (bzw. Faktor deines Lebenstraumes), den du dir erfüllt hast!

Das bedeutet übrigens nicht, dass du in jedem Fall mit einer zähen Durststrecke rechnen musst, wenn du deine Lebensrealität formen möchtest. Abhängig davon welche Voraussetzungen du schon hast und wie extravagant deine Vorstellungen sind, gestaltet sich die Realisierung schwieriger oder einfacher.
Nur einmal angenommen, es wäre dir gar nicht so wichtig wie du dein Geld verdienst, Hauptsache du musst nicht mehr als 20 Stunden pro Woche für die Arbeit opfern – dann ist die Sache klar! Dann lautet dein zentraler, strukturgebender Traum einen Alltag zu kreieren, in dem du an 4 Tagen pro Woche frei hast und dich deinen echten Interessen widmen kannst, aber trotzdem gut über die Runden kommst. Du wirst also nach einem 20 Stunden-Job Ausschau halten; der Arbeitsplatz sollte in deiner Nähe sein und möglichst gut bezahlt sein. Vielleicht bist du dafür auch bereit eine Tätigkeit zu machen, die für viele andere nicht attraktiv ist. Oder du eignest dir zusätzliche Qualifikationen an, damit du bessere Chancen hast einen gut bezahlten Teilzeitjob zu bekommen. Auf jeden Fall wirst du es versuchen und nicht schon von vornherein sagen: *»Hat eh keinen Sinn, so eine Stelle gibt es ganz bestimmt nicht.«*

Gleichzeitig fängst du an deinen Alltag so zu strukturieren, dass du ohne schmerzhafte Abstriche finanziell weiterhin gut durchkommst: Vielleicht hast du irgendwelche Abos laufen, die du ohnehin nicht nutzt? Muss es wirklich ein Statussymbol-SUV sein, oder tut es auch ein kleineres Auto? Vielleicht hast du aber auch ein Hobby, mit dem du nebenbei etwas dazuverdienen kannst, sodass du auch künftig Raum für Sonderausgaben haben wirst?

Jetzt geht es darum, Möglichkeiten zu erkennen, damit du deinen Alltag an deine Vorstellung anpassen kannst – und dein Wunsch, 4 Tage pro Woche zu haben, die ganz allein dir gehören, möglichst bald real wird.

Je nachdem welche Lebensrealität du dir wünscht, gestaltet sich dein zentraler, strukturgebender Traum: Für den einen ist es von zentraler Wichtigkeit, weniger zu arbeiten. Ein anderer arbeitet vielleicht auch gerne 60 Stunden pro Woche und mehr, weil er aus Leidenschaft eine eigene Firma aufbauen möchte. Für einen Dritten ist das Thema »Job« im Hinblick auf den Lebenstraum gar nicht relevant, da ihn die Arbeit nicht stört, aber eben auch nicht erfüllt – und der Schlüsselfaktor für die nachhaltige Optimierung seiner Alltagsrealität rein in Aspekten seines Privatlebens liegt.

Wir halten also fest: Träume und Ziele sind etwas sehr Individuelles. Sie hängen ganz davon ab, welche Lebensrealität du dir wünscht. Den Weg zu deinem Ziel kannst also nur du selbst erkunden. Einige Grundlagen dafür, wie du dir (d)einen Weg bahnen kannst, wo andere nur eine unüberwindliche Hürde sehen, haben wir bereits besprochen. Aber das ist noch längst nicht alles, was du auf deine Reise mitbekommst: In den weiteren Kapiteln werden wir uns mit einigen Anregungen, Tipps und Tricks beschäftigen, die dir auf deinem Weg als Freizeitpionier sehr hilfreich sein werden!

7. Prioritäten

Mittlerweile wissen wir: Als Freizeitpionier wollen wir unsere persönlichen Träume und Wünsche realisieren – und zwar nicht nur oberflächlich, sondern im Detail! Das bedeutet, wir wollen nicht nur einen Punkt erreichen, an dem wir feststellen können: *»Naja, mit viel Phantasie hat das, was ich erreicht habe, zumindest im Ansatz Ähnlichkeit mit dem, was ich eigentlich wollte.«*
Oh nein! Wir wollen genau das haben, was wir uns vorgestellt haben. Die einzige Abweichung, die wir tolerieren, ist, wenn es noch besser wird als ursprünglich erträumt!
Auch wollen wir nicht nur irgendwann verstandesmäßig »feststellen«, dass wir unseren Traum erreicht haben. Nein. Wir wollen es fühlen! Wir wollen in Körper und Geist spüren, dass wir unseren Traum leben!

Dieser Anspruch an unser Leben bedeutet natürlich einen Aufwand. Einen Aufwand, den wir im Gegensatz zu Menschen, die das Leben nehmen wie es kommt, tragen müssen. Deshalb ist es wichtig, dass wir für uns selbst möglichst klar abgrenzen, was Teil unseres Lebenstraumes ist und was nicht.
Es wäre nämlich (jedenfalls für Ottonormalverbraucher) der blanke Wahnsinn, zu versuchen diesen **Perfektionismus** auf sämtliche Bereiche des eigenen Lebens anzuwenden. Damit würden wir uns einerseits vollends verausgaben und andererseits unserem eigentlichen Lebenstraum durch den Fokus auf zu viele **Nebensächlichkeiten** letztendlich selbst im Weg stehen.

Als Freizeitpionier sind wir Perfektionisten, wenn es um die Umsetzung der eigenen Lebensträume geht. In Dinge, die dafür nicht direkt relevant sind, investieren wir hingegen nur so viel Aufwand (Arbeit, Energie, Geld und Zeit) wie unbedingt notwendig. Denn als Freizeitpionier verstehen wir es, Prioritäten zu setzen!

Stellen wir uns als Beispiel einen begnadeten Musiker vor, der entweder von einer Musikkarriere träumt, oder aber einfach nur in der Musik seine pure Leidenschaft gefunden hat.
Dieser Musiker kann gut und gerne mehrere tausend Euro in seine Musikanlage investieren, während er ein 15 Jahre altes, zerschrammtes und verbrauchtes Auto fährt, das gerade noch so durch die Inspektion kommt. Dabei fährt unser Beispiel-Musiker keinen so heruntergekommen Wagen, weil es ihm einfach egal ist – sondern weil er als Freizeitpionier versteht, dass ihm die Investition in seinen Lebenstraum – die Musik – persönlich wichtiger ist. Vielleicht hätte er dennoch gerne ein moderneres, schöneres Auto. Das kann gut sein. Trotzdem wird er seinen alten Wagen so lange fahren wie möglich, damit er sein Geld und seine Energie in die Musik investieren kann. Denn die Musik ist es, was ihm Erfüllung gibt. Ein neuer Wagen würde ihm nie das geben, was ihm eine bessere Musikanlage gibt.

Oder ein persönliches Beispiel: Ich habe durchaus einige Ideen für die weitere Gestaltung meines Hauses. So wäre etwa ein Dachausbau, bzw. eine Aufstockung interessant, wodurch sich meine Wohnfläche (dank einer überdachten Einfahrt) mehr als verdoppeln würde.
Es wäre reizvoll! Diesen zusätzlichen Platz hätte ich gerne. Trotzdem werde ich diesen Umbau vorerst nicht in Angriff nehmen – denn für meinen Lebenstraum ist es einstweilen nicht entscheidend, ob ich ein paar Räume mehr zur Verfügung habe. Gegenwärtig kann ich einen viel größeren, wesentlicheren Effekt erzielen, wenn ich mein kreatives Schaffen fokussiere: Da gibt es so viele Ideen, die zu Papier gebracht und bearbeitet werden wollen! Dass ich auf diesem Gebiet Fortschritte mache, hat für mich vorerst definitiv Priorität gegenüber der Schaffung von zusätzlichem Wohnraum.

Wir stellen also fest: Ein wichtiger Bestandteil der Freizeitpionier-Idee ist es, konsequent die richtigen Prioritäten zu setzen: Nämlich auf unseren Lebenstraum, bzw. unseren zentralen, strukturgebenden Traum.

Diese Prioritäten sind individuell an unseren Weg und unsere Ziele angepasst. Allerdings gibt es auch etwas, das Freizeitpioniere ganz allgemein priorisieren: Wir stellen unser Lebensglück über die Ideale, die uns die Gesellschaft vorgeben will.

Als Freizeitpionier gehen wir unseren eigenen, individuellen Weg und folgen nicht der Masse. Wir müssen nicht das machen was alle machen; nicht das wollen was alle wollen; nicht das gut finden was alle gut finden – und nicht das priorisieren, was alle priorisieren. Wir konzentrieren uns auf das, was wir machen; was wir wollen und was wir gut finden.

Das bedeutet im Übrigen nicht, dass Freizeitpioniere zwanghaft anders sein wollen. Wenn das, was wir gut finden, sich zufällig mit der aktuellen »kollektiven« Wahrnehmung überschneidet, dann soll es so sein. Wir werden deshalb nicht aufhören gut zu finden, was wir eben gut finden.

Der springende Punkt ist, dass wir uns weder von der Gesellschaft, noch von einzelnen Mitmenschen vorgeben lassen, was wir zu tun oder zu denken haben: Wir orientieren uns nicht an anderen, sondern an unserem Lebenstraum!

Weiters bedeutet das auch nicht, dass uns andere Menschen, bzw. das kollektive Wohl egal sein müssen ... sehr wohl egal, oder jedenfalls nebensächlich, sind für uns aber die Erwartungen (von anderen, bzw. der Gesellschaft an uns) und in weiterer Folge auch deren Urteil (über uns). Das bedeutet: Es tangiert uns nicht, wie andere uns bewerten. Als Freizeitpionier sind wir nicht auf **Anerkennung** aus und werden auch keine Energie in Bemühungen vergeuden, welche zu bekommen. Was wir tun, tun wir für unsere persönliche Erfüllung – und nicht dafür, dass andere unsere Leistungen bewundern oder beklatschen.

Ob wir arbeiten, weil wir die Arbeit gerne machen, oder, weil wir einfach nur das Geld brauchen und bei nächster Gelegenheit etwas in unserem Leben verändern wollen, sei dahingestellt: Wir haben unseren Plan und dieser Plan fußt nicht darauf, dass andere ihn gut finden müssen, bzw. dass wir als Ziel unserer Bemühungen schlicht und einfach die Anerkennung anderer Menschen bekommen. Denn die taugt vielleicht als kraftvolles Stilmittel für das Finale eines Hollywood-Films, doch ansonsten ist sie für unsere persönliche, **langfristige** Erfüllung in Wahrheit eher wertlos.

Vielleicht gibt es **einzelne** Menschen, auf deren Anerkennung wir auch als Freizeitpionier echten Wert legen. Im Großen und Ganzen kann uns aber getrost egal sein, ob ein Kollege, ein Nachbar, ein Bekannter oder einfach nur ein Passant auf der Straße gut findet, wie wir unser Leben führen.

Selbstverständlich. Es liegt in unserer Natur, dass wir vor anderen gut dastehen wollen – oder jedenfalls Blamagen oder herabwürdigende Situationen vermeiden möchten. Das liegt daran, dass wir Menschen Herdentiere sind und unserem Herdentrieb folgen. Viele Menschen investieren deshalb einen nennenswerten Aufwand, damit sie mit ihrer eigenen Lebensweise ein gutes Bild nach außen abgeben. Paradoxer Weise wollen sie tendenziell umso besser vor Leuten dastehen, je weniger sie diese Personen kennen.

Dieses Verhalten mag (bis zu einem gewissen Grad) in unserer Natur liegen … Freizeitpioniere haben allerdings verstanden, dass sie sich damit nur ins eigene Fleisch schneiden würden.

Wichtig ist, dass du selbst mit deiner Lebensführung glücklich bist! Du musst es nicht deiner Familie oder deinen Freunden recht machen. Schon gar nicht Kollegen, Nachbarn, flüchtigen Bekannten … und erst recht nicht irgendwelchen namenlosen Gesichtern auf der Straße. Du hast rein gar nichts davon, wenn du deine Energie aufwendest, um fremde Leute zu beeindrucken. Denn selbst wenn es dir gelingt, was hast du damit in Wahrheit gewonnen? Einen kurzen Moment des gefühlten Triumphes vielleicht – aber ganz sicher keine Erfüllung, wie ein Freizeitpionier sie in sich spüren will!

Davon abgesehen heißt es nicht umsonst: *»Du würdest dich wundern wie wenig andere Menschen tatsächlich über dich nachdenken.«*

Wir selbst stehen im Mittelpunkt unserer Aufmerksamkeit. Wir merken alles – jeden kleinen Makel. Die Fältchen auf der Stirn, den Zahnpasta-Fleck auf der Kleidung oder den kleinen Versprecher, der uns rot anlaufen lässt. Einem anderen fallen all diese kleinen Makel meist gar nicht, oder nicht wesentlich auf – weil dieser Mensch sich ebenfalls hauptsächlich auf sich selbst konzentriert. Das bedeutet also, die meisten Bemühungen dahingehend, andere zu beeindrucken, sind nicht nur fruchtlos im Hinblick auf deine eigenen Ziele, sondern schlicht und einfach für die Katz! Vergeudete Energie – für Signale, die dein Gegenüber nicht einmal nennenswert wahrnimmt.

Richtig paradox wird es übrigens, wenn du anfängst einen Aufwand zu investieren, um Menschen zu beeindrucken, die du explizit nicht magst. Personen, mit denen du verfeindet bist. Ich möchte gar nicht wissen wie viel Energie vollkommen sinnlos verpulvert wird, weil jemand dem verhassten Nachbarn beweisen möchte, dass der eigene Garten besser gepflegt ist; dass man sich ein teureres Auto oder einen größeren Swimming-Pool leisten kann; dass man einen schöneren, exotischeren Urlaub machen kann, und so weiter.
Das ist ein echtes Anti-Freizeitpionier-Szenario: Wenn du sämtliche deiner Bemühungen nicht mehr darauf ausrichtest, deine eigenen Wünsche zu erfüllen – sondern darauf, andere Menschen einfach nur zu übertrumpfen.
Für viele eine vollkommen alltägliche Situation; für unzählige Menschen auf Jahre oder Jahrzehnte eine wesentliche treibende Kraft. Ein Antrieb, der allerdings ins Nichts führt: Aus Freizeitpionier-Sicht eine vollkommene Verschwendung von Lebenszeit.

Als Freizeitpionier kümmern wir uns nicht darum, was andere erreichen. Wenn der Nachbar meint, dass er unbedingt ein teureres Auto haben muss als ich, dann soll er doch! Ich werde das sicher nicht zum Anlass nehmen, Geld zu verpulvern, nur um bei nächster Gelegenheit vollkommen unnötig ein noch Teureres anzuschaffen … nur damit ich für den Moment auf der »Gewinner-Seite« stehe.
Gewinner. Ja, was gewinnen wir eigentlich, wenn wir uns mit anderen messen? Vollkommen richtig: Gar nichts! Wir verlieren nur. Wir verlieren Zeit, Energie und Geld – weil wir sie verschwenden, um einen

anderen Menschen zu übertrumpfen. Letztendlich verlieren wir durch sinnloses **Wetteifern** auch den Fokus auf uns selbst und auf die Lebensinhalte, die uns wirklich etwas bedeuten.

Dieser Fokus auf uns selbst und unsere Lebensinhalte bringt mich zu einem weiteren Punkt, für den Freizeitpioniere keine Energie verschwenden: **Neid.**
Die Welt ist voll davon. Andauernd ist irgendwer irgendwem etwas zu neidig. Das neue Auto, das eigene Haus, die Beförderung, Partner/Partnerin, und so weiter. Neid liegt in der menschlichen Natur. Gerade hier, im deutschen Sprachraum, leben wir offenbar in einer regelrechten Neidgesellschaft.
Allerdings täten wir gut daran, den Neid nicht an uns heranzulassen. Denn Neid ist gleich doppelt schädlich: Nicht nur für andere Menschen, denen du vielleicht versuchen wirst Steine in den Weg zu legen, sondern auch für dich selbst! Wenn der Neid von dir Besitz ergreift, konzentrierst du deine Energie nicht mehr auf deine eigentlichen Ziele, sondern auf den Ärger darüber, dass ein anderer hat was du (vermeintlich) gerne hättest. Ohne es zu merken, bremst du dich selbst aus!

Ich betone gerne, dass ich niemanden beneide. Was hätte ich auch davon? Durch den Neid könnte ich nichts gewinnen, sehr wohl aber etwas verlieren.
Am besten erkläre ich anhand eines Beispiels wie das gemeint ist: Angenommen, ein bisher unbekannter Autor landet plötzlich einen großen Erfolg. Vielleicht jemand, der einige Jahre jünger ist als ich, so um die 25 … während ich mit 33 Jahren immer noch daran arbeite, von einer wirklich breiten Öffentlichkeit wahrgenommen zu werden.
Jetzt könnte ich natürlich neidisch werden. Aber das tue ich nicht. Gar nicht unbedingt deshalb, weil ich so ein fairer Sportsmann bin, sondern weil ich mir damit sprichwörtlich selbst ins Knie schießen würde! Würde ich nämlich zulassen, dass der Neid von mir Besitz ergreift, würde ich den Fokus auf meine eigene Arbeit verlieren. Anstatt meine

Energie zielführend einzusetzen, um selbst zu schreiben, würde ich sie damit vergeuden, mich in feindseliger Art und Weise mit dem Erfolg des anderen Autors zu befassen. Mein eigener, gedanklich visualisierter Weg zum Erfolg würde verdrängt von dem negativen Gedanken, dass dieser andere Autor mich »überholt« hätte.

Vielleicht würde ich mich sogar dazu herablassen, bei jeder Gelegenheit im Internet zu kommentieren, wie miserabel ich seine Arbeit finde – und genau da hätten wir den Punkt, den ich weiter oben schon angesprochen habe: Neid ist für beide Seiten potentiell schädlich. Nicht nur würde es unsachlichen Negativ-Content zu der Arbeit des anderen Autors im Internet geben, auch würde ich meine eigenen Ambitionen vernachlässigen, zugunsten von fruchtlosen Sabotage-Versuchen.

Im Übrigen ist es ein Unterschied, ob man jemanden im positiven Sinn um etwas beneidet (also, ob man das Gleiche auch gerne hätte) oder ob man jemandem eine Sache wirklich zu neidig ist – also nicht vergönnt. Die erste Variante kann durchaus auch positiv sein ... die zweite ist allerdings auf jeden Fall schlecht. Vielleicht für den Beneideten – ganz sicher aber für den Neider.

Du kannst deinen Nachbarn um sein neues Auto, den Swimmingpool, den wundervollen Urlaub, oder sonst etwas beneiden ... oder du konzentrierst dich darauf, selbst zu bekommen, was du dir wünscht. Wo liegen deine Prioritäten? Entscheide selbst, was für dich sinnvoller ist!

8. Disziplin

Wenn wir unsere Träume realisieren wollen und uns den Weg zu unserem Ziel bahnen, ist, abgesehen von der richtigen Prioritätensetzung, auch **Disziplin** ein wesentlicher Punkt. In Kapitel 6 spreche ich bereits von »Beharrlichkeit«, die in gewisser Weise einer Form von Disziplin entspricht.

Gemeint ist also selbstredend nicht der Gehorsam anderen gegenüber, sondern Selbstdisziplin. Diese Form der Disziplin mag im jeweiligen Moment anstrengend sein, ja vielleicht sogar weh tun, aber letztendlich hilft sie uns dabei, dass wir unser Ziel erreichen.

Das trifft in sämtlichen Bereichen zu – egal was du machen willst: Ob du abnehmen willst, etwas Neues lernen willst, Geld sparen willst … oder einen großen Traum realisieren willst, der für einen einzelnen Mensch undurchführbar scheint. Egal was deine Träume und Wünsche sind – wenn du willst, dass deine Vision zur Realität wird, musst du konsequent – also **diszipliniert** – daran arbeiten!

Disziplin ist eine Notwendigkeit, wenn du deinen Traum verwirklichen willst und dafür gegen den Strom schwimmen musst. Sie kann aber auch hinderlich sein, wenn du nicht deiner wirklichen Vision folgst, bzw. wenn du nicht die richtigen Prioritäten gesetzt hast.

Es gibt nämlich kein pauschales »richtig« oder »falsch.« Du musst wissen, was du **wirklich** willst: Willst du beispielsweise in 6 Monaten diesen aufregenden, einmaligen Urlaub machen? Oder willst du dich lieber regelmäßig nach der Arbeit gemütlich mit Freunden oder Kollegen ins Kaffeehaus setzen?

Beides sind legitime Optionen. Nur, wenn du dir etwa als festes Ziel gesetzt hast, einen spannenden Urlaub auf Madagaskar zu machen und dafür sparen musst, dann schneidest du dir ins eigene Fleisch, wenn du ständig Geld in der Gastronomie liegen lässt. Dann fehlen dir schließlich die Mittel, damit du deine Abenteuerreise realisieren kannst

– oder du kannst zwar fliegen, musst auf Madagaskar aber auf alles Mögliche verzichten, was du dort eigentlich gerne gemacht hättest. Das bedeutet aber nicht, dass du als Freizeitpionier grundsätzlich diszipliniert im »Hier und Jetzt« sparen musst: Vor allem wenn du schon weit gekommen bist, oder sogar schon erlebender Freizeitpionier bist, ist es wichtig, dass du konsequent deinen Alltag genießt. Vielleicht interessiert dich gar keine große Reise ... womöglich ist es dir viel wichtiger, die alltägliche Gemütlichkeit auszukosten. Wenn du so empfindest, dann mache bitte einen Bogen um Reisebüros und suche so oft wie möglich diszipliniert das Kaffeehaus auf.

Disziplin ist vor allem dann notwendig, wenn wir etwas aufbauen wollen – und genau das wollen wir: Eine Struktur schaffen, die unseren Alltag ganz in unserem Sinne nachhaltig beeinflusst.
Als Freizeitpionier lieben wir Ressourcen, die wir einmal schaffen und dann für immer (oder zumindest möglichst lange) nutzen können – das Paradebeispiel dafür: Ein Haus oder eine Eigentumswohnung. Eigentum! Ein Ort von dem dich niemand jemals wieder vertreiben kann. Für viele ein unerfüllbarer Traum. Tatsächlich höre ich oft von Freunden und Bekannten, dass sie hinsichtlich der immer höheren Immobilienpreise wahrscheinlich niemals ein eigenes Haus oder zumindest eine Eigentumswohnung haben werden. Ihnen bleibt nur die Möglichkeit, monatlich Miete zu bezahlen.
Warum ist das so? Ganz sicher nicht, weil sie so wenig Geld verdienen. Manche, von denen ich diesen Satz schon gehört habe, verfügen im Monat über weit mehr als das doppelte Budget als das bei mir der Fall ist. Trotzdem habe ich seit Mitte 20 ein eigenes Haus. Warum das? Weil ich die notwendige Disziplin gehabt habe, auf dieses Ziel hinzuarbeiten!
Ich habe mich eben mit dem Gedanken an die Abhängigkeit, die eine Monatsmiete mit sich bringen würde, niemals wohlgefühlt. Mir war bewusst, dass ein eigenes Haus eine Basis ist, von der aus ich mich weiter entfalten kann. In Hinblick auf diese klare Priorität war es definitiv eine gute Entscheidung, den Großteil meines Geldes zu sparen

und dafür auf das eine oder andere kurzlebige Vergnügen zu verzichten.

In der Tat: Als Freizeitpionier fokussieren wir unsere Träume und Ziele und verzichten dafür diszipliniert auf **Unnötiges**, bzw. **Überflüssiges**. Allerdings bedeutet das keineswegs, dass wir auf alles verzichten, was wir nicht unbedingt zum Leben brauchen ... wir verzichten bestimmt nicht auf Sämtliches, was das Leben lebenswert macht. Oh nein, keine Sorge! Als Freizeitpionier verstehen wir unter »Unnötigem« eher Dinge, die **uns persönlich** nicht so wichtig sind; Dinge, die wir eigentlich nur haben sollten, weil sie als »Standard« gelten, bzw. weil andere es von uns erwarten oder sogar fordern.

Ein Beispiel dafür ist etwa das Smartphone. Heute trägt fast jeder so einen aufwändigen Mini-Computer mit sich herum. Du musst dich **schon fast dafür entschuldigen**, wenn du keines hast. Du bist in mancherlei Hinsicht auch ausgegrenzt, wenn du nicht mit den anderen »mithältst«. Viele Menschen kaufen sich daher ein teures Smartphone, dessen Funktionen sie eigentlich gar nicht brauchen, einfach aus Gruppenzwang – und merken noch nicht einmal, dass sie eigentlich nur aus Gruppenzwang gehandelt haben.

Als Freizeitpionier werden wir uns so ein Gerät nur dann kaufen, wenn wir selbst es wirklich haben wollen, bzw. Verwendung für die Funktionen eines Smartphones haben.

So ist es zu verstehen, dass Freizeitpioniere auf Überflüssiges verzichten: Wir wissen selbst, was wir wirklich brauchen, bzw. haben wollen – wir lassen uns nicht von anderen vorgeben, was wir unbedingt haben müssen!

Das bringt uns auch gleich zum nächsten Punkt in Sachen Disziplin: Nein sagen können! Im Alltag sind wir immer wieder damit konfrontiert, dass andere etwas von uns fordern. Hier müssen wir genau darauf achten, wo wir zustimmen und wo wir schlicht und ergreifend »NEIN!« sagen.

Dieser Punkt dreht sich gar nicht nur um Menschen aus dem näheren Umfeld. Es gibt durchaus auch wildfremde Menschen, die uns (oft erfolgreich) mit ihren Forderungen unter Druck setzen und unsere Lebensträume damit behindern – so zum Beispiel Spendensammler oder Telefonkeiler.

Es passiert immer einmal wieder: Ich spaziere durch die Stadt und da spricht mich irgendjemand an. Sehr nett und kumpelhaft fragt mich diese Person, ob ich schon von dieser oder jener Organisation gehört hätte. Sie erklärt mir was die nicht alles machen und, dass es halt leider nicht ohne Unterstützung geht.

Weil ich meist zu höflich bin gleich weiterzugehen, denken sie, sie hätten mich am Haken. Aber sie wissen nicht, dass sie mit einem Freizeitpionier sprechen. Da können sie es mit noch so vielen Psycho-Maschen versuchen, gegen meine Überzeugung können sie nicht ankommen. Als Freizeitpionier lasse ich mich nicht unter Druck setzen. Ich lasse mir keine Schuldgefühle einreden, wenn ich nicht spende und ich bleibe felsenfest dabei, dass ich keine Daten preisgebe und ganz sicher keinen Dauerauftrag unterschreiben werde.

Ähnliches gilt für Telefonkeiler: Wenn er höflich bleibt, bleibe ich es auch und rede (eine Zeit lang) mit ihm … aber meine Antwort wird sich deshalb nicht verändern. Ich lasse mir nichts verkaufen was ich nicht haben will. Wenn er daraufhin unhöflich wird oder anfängt Druck auszuüben, lege ich auf.

Als Freizeitpionier kann ich das – obwohl ich von Natur aus ganz sicher kein selbstsicherer Mensch bin. Viele können es nicht – und haben dann Abbuchungsaufträge von mehreren Organisationen, die ihnen Monat für Monat das Konto leerräumen.

Das bedeutet nicht, dass das Freizeitpionier-sein es grundsätzlich nicht erlaubt, an eine Organisation zu spenden. Wenn es dir persönlich etwas bedeutet, dann tue es! Wenn du das Gefühl hast, dass du mit deiner monatlichen Zahlung einen kleinen Beitrag zu einer Sache leistest, die dir viel bedeutet, dann ist Spenden natürlich etwas Gutes.

Was allerdings ganz und gar keine gute Sache ist: Wenn du Monat für Monat sauer verdientes Geld verlierst, nur weil du nicht die Disziplin hattest, »Nein« zu sagen! In diesem Fall hast du rein gar nichts von deiner Spende. Außer Arbeit ... denn es ist deine Arbeitsleistung, die Monat für Monat in Form von Geld abgezweigt wird!

Aber es sind eben nicht nur andere Menschen, die uns Disziplin abverlangen. Wenn es darum geht, dass wir unser Leben konsequent auf Kurs bringen, gibt es einen kniffligen Punkt: Die **Flexibilität**. Eigentlich beabsichtigen wir es als Freizeitpioniere, diszipliniert unseren Plan zu verfolgen, um möglichst bald vom aufbauenden zum erlebenden Freizeitpionier zu avancieren. Manchmal erfordert es der Lauf der Dinge aber, dass wir den Plan ändern, damit wir unser Ziel (besser, schneller bzw. überhaupt) erreichen. Erkennen wir zwischendurch eine Gelegenheit, wie es besser geht, wäre es für unser Ziel schädlich, (pseudo-)diszipliniert weiter an unserem alten Plan festzuhalten. Aber es wird noch kniffliger: Nicht immer ist es der richtige Weg, wenn wir kompromisslos unser Ziel fokussieren. Manchmal kommen wir über Umwege schneller (bzw. angenehmer) ans Ziel. Wir können entweder konsequent an unserem Traum arbeiten oder es nicht tun. Beide Möglichkeiten können je nach Situation richtig oder falsch sein – oder sagen wir »optimal« oder »suboptimal.« Wenn du gerade im Moment fokussiert bist und genau weißt, was du zu tun hast, ist konsequentes Arbeiten die richtige Wahl: Dann wirst du dich nicht ablenken lassen, von dem Anruf eines Freundes, von den angenehmen Frühlingstemperaturen draußen oder gar von dem Fernsehprogramm. Dann ist es optimal, wenn du konzentriert deinen Weg gehst und tust, was für deinen Traum erforderlich ist. Einer verlockenden Ablenkung nachzugeben, wäre in diesem Fall suboptimal. Kommst du gerade allerdings nicht weiter, weil dir die passenden Ideen und Ansätze fehlen, ist es sinnlos, wenn du dich selbst unter Druck setzt und meinst: *»Ich bleibe hier so lange sitzen bis mir etwas einfällt.«* Das ist keine Disziplin, das ist **Sturheit**. In Wahrheit behinderst du dich damit sogar selbst: Nicht nur, dass du dich selbst quälst und dir

Lebensfreude entgehen lässt – du verhinderst damit auch, dass du mit Eindrücken in Berührung kommst, die dir die notwendige Inspiration liefern!

Ich zum Beispiel gehe oft spazieren. Ich tue es sehr gerne, aber das ist nicht der einzige Grund warum ich es mache. Wenn ich in Bewegung bin, hilft mir das beim Nachdenken. Ich sehe pausenlos andere Bilder; ständig neue Dinge, die meine Gedanken beflügeln; neue Information, mit der mein Gehirn arbeiten kann. Gerade dann, wenn ein Gedanke festgefahren ist, komme ich auf diese Weise viel wahrscheinlicher zu einer Lösung.

Gleichzeitig nehme ich beim Spazierengehen den Druck von mir: Wenn ich an einem Projekt arbeite, muss ich gute Ergebnisse liefern – als Spaziergänger muss ich das nicht. Da gibt es keine Anforderungen, die ich erfüllen muss. Gerade diese Leichtigkeit hilft mir oft dabei, interessante Gedanken hervorzubringen und Lösungsansätze zu erkennen, an die ich unter Druck nie gedacht hätte. Tatsächlich komme ich oft genau deshalb weiter, weil ich mir eine Pause gegönnt habe; weil mir genau diese Flexibilität die notwendige Inspiration liefert.

Fallweise ist es also essentiell, dass du die nötige Disziplin hast, die Arbeit niederzulegen (ja, auch die Arbeit an deinem Lebenstraum) und dir eine Pause zu gönnen. Ist die Inspiration wieder da, ist es natürlich ebenso wichtig, dass du genauso diszipliniert wieder weitermachst. Egal um welche Uhrzeit. Egal, ob du jetzt eigentlich Lust auf einen entspannten Abend mit Freunden hättest. Wenn du genau weißt, was du zu tun hast, kannst du deinen Weg am effektivsten bahnen, wenn du es auch konsequent und diszipliniert tust!

An dieser Stelle möchte ich eines festhalten: Dass wir als Freizeitpioniere einen Lebenstraum haben, bedeutet nicht, dass wir unser ganzes Leben bis ins letzte Detail durchplanen müssen! Es bedeutet nur, dass wir sichergehen wollen, dass wir für unsere **wesentlichen Lebensinhalte** ausreichend Raum zur Verfügung haben. Ansonsten können wir aber nach Herzenslust auch Spontanität zulassen.

Wir sollten uns vom Freizeitpionier-sein also niemals »eingeschnürt« oder gar »eingesperrt« fühlen. Tun wir es doch, dann machen wir etwas nicht richtig. Dann beginnen wir vielleicht schon uns unserem Ziel unterzuordnen, anstatt unser Ziel als unser Werkzeug anzusehen. Zwar priorisieren wir generell das, was wir **langfristig** wollen, gegenüber dem, was wir gerade im Moment wollen: Wir lassen uns nicht von Impulsen dazu verleiten, unserem Lebensglück auf lange Sicht zu schaden. Allerdings bedeutet das natürlich auch nicht, dass wir im »Hier und Jetzt« auf jede Freude verzichten werden.

Deswegen müssen wir lernen abzuwägen, wie sehr wir uns erlauben momentanen Verlockungen nachzugeben – und wie sehr wir dann mögliche Verzögerungen bei unseren langfristigen Interessen mit uns selbst vereinbaren können.

Es ist vollkommen in Ordnung, wenn du hin und wieder kleinere Verzögerungen zugunsten von momentanen Bedürfnissen in Kauf nimmst. Wichtig ist, dass du ein Gefühl dafür entwickelst, wann du diszipliniert dein langfristiges Interesse über den Moment stellen musst und wann du getrost dem momentanen Impuls nachgeben kannst.

Schließlich gibt es noch einen Punkt, der unsere Disziplin erfordert: Als Freizeitpionier packen wir bei den Ursachen an, anstatt Symptome zu bekämpfen. Es mag etwas länger dauern, den wirklichen Ursprung eines Problems herauszufinden – aber wenn wir das geschafft haben, können wir es nachhaltig lösen! Andersherum könnten wir die Symptome (wie z.B. häufige Unzufriedenheit mit unserem Leben) immer wieder betäuben, so wie es die meisten Menschen machen ... und dann wundern wir uns, warum die alten Probleme immer und immer wieder hervorkommen. Ganz einfach: Weil wir sie nicht konsequent gelöst, sondern lediglich ihre momentanen Folgen kaschiert haben.

Was diesen Punkt angeht, grassiert die Behauptung, dass wir einfach nur unser Denken ändern müssten, damit wir mit der Welt besser klarkommen und glücklich sein können. Es gibt beispielsweise die

Meinung, dass »glücklich sein« einzig und allein unsere Entscheidung wäre – wir müssten einfach nur positive Gedanken haben, bzw. immer das Positive sehen: Voila, schon ist das Leben wunderbar.

Als Freizeitpionier erkenne ich bei diesem Ansatz gleich zwei Fehler: Erstens möchte ich echte Erfüllung erleben und nicht meine Gedankenwelt so verbiegen und verdrehen, dass ich mit grundsätzlich allem glücklich bin (bzw. glaube es zu sein), egal wie leer und trostlos mein Alltag in Wirklichkeit sein mag. Zweitens suche ich als Freizeitpionier nach Wegen, die nachhaltig funktionieren – und das ist hierbei nicht gegeben: Denn die fröhlichsten, schönsten und positivsten Gedanken helfen dir auf Dauer nicht, wenn du in einem Alltag feststeckst, der dich Tag für Tag aufs Neue herunterzieht!

Wie ich in der Einleitung schon angemerkt habe, kann es durch so genanntes »positives Denken« leicht passieren, dass du dich selbst betrügst: Wenn du dich selbst krampfhaft zu positiven Gedanken zwingst und keine negativen Gedanken zulässt, ignorierst du unter Umständen ein tiefes inneres Bedürfnis und gibst dich mit etwas zufrieden, was schlicht und einfach nicht deinem Lebenstraum entspricht! Du erkennst gar nicht, dass du an deinem Leben vorbeiexistierst, da du dem Belanglosen einen so netten, positiven Anstrich gegeben hast. Insofern halte ich es für durchaus problematisch, wenn wir versuchen uns Dinge schönzureden ... vor allem wenn es um Details unseres Lebenstraumes geht.

Es lebt sich vielleicht **gelassener**, wenn du jede Wendung in deinem Leben positiv siehst – aber **erfüllter** lebst du, wenn du den gravierenden Unterschied zwischen Positiv und Negativ erkennst und dich bemühst, dich in die positive Richtung zu bewegen.

Hast du das erst nachhaltig geschafft, lebt es sich so auf lange Sicht gesehen übrigens auch gelassener.

Als Freizeitpionier habe ich manchmal den ernsthaften Eindruck, andere hätten keine besseren Ideen als einfach nur die Augen vor der Realität zu verschließen ... wenn sie erklären, dass wir Ärger, oder generell negative Gefühle eben nicht an uns heranlassen sollen. Frei nach dem Motto: »Probleme gibt es nur in deinem Kopf.« Denken wir nicht an die Probleme und sehen wir nur das Positive – und schon ist (dem Anschein nach) alles wunderbar.

Doch so ganz funktioniert das nicht: Wenn du dir selbst nämlich beibringst, dich gegenüber dem Negativen zu verschließen, stumpfst du zwangsläufig auch gegenüber dem Positiven ab. Überleg dir mal: Wenn es nichts gäbe, dessen Verlust dich schmerzen würde, was hättest du dann in Wahrheit? Es würde bedeuten, dass du nichts in deinem Leben hättest, was dir wirklich wichtig wäre!

Zwar ist es in der Tat sinnvoll, wenn du Nebensächlichkeiten nicht zu sehr an dich heranlässt – aber wenn es um die wirklich wichtigen Dinge geht, habe ich als Freizeitpionier eine etwas andere Meinung: Es gibt Negatives. Ärgerliches. Grauenvolles. Das musst – und sollst – du auch gar nicht ignorieren. Allerdings ist es wichtig, dass du dich diesen Dingen nicht machtlos ausgeliefert fühlst: Du musst das Negative kanalisieren – also negative Gefühle als einen zusätzlichen Antrieb nutzen, um etwas Positives zu erzeugen!

Als Freizeitpionier ignorieren wir das Negative nicht – wir bekämpfen es, indem wir Positives schaffen. Wir sind dem Negativen sogar überlegen und verhöhnen es in gewisser Weise: Wir verwenden es fallweise als Basis und lassen daraus Positives entstehen.

Das ist dir zu abstrakt? Hier ein Beispiel: Die Welt steht still wegen der Corona-Pandemie? Okay! Dann brauchst du einstweilen kein schlechtes Gewissen zu haben, wenn du eine Zeit lang keine Leute triffst und stattdessen endlich einmal Dinge erledigst, die du schon ewig aufschiebst. Im Idealfall Dinge, die deinen Lebenstraum betreffen.

Oder noch ein Beispiel: Dein/e Partner/in hat dich verlassen? Gut! Kanalisiere den Frust und nutze die Zeit um dir ein Leben aufzubauen, das du mit jemandem verbringen wirst, der/die deine Gesellschaft auch wirklich wert ist.

Als Freizeitpionier wissen wir, dass wir es in der Hand haben – wenn wir nur die Disziplin aufbringen, unseren Weg konsequent zu gehen.

9. Langfristige Entscheidungen

Wenn du die Ambition hast, dein Leben zu gestalten, ist es von essentieller Bedeutung, dass du **langfristige** Entscheidungen richtig triffst. Planst du beispielsweise einen Wochenendausflug und stellst dann fest, dass dir die Unterkunft nicht gefällt, ist das nicht weiter schlimm: Ein oder zwei Tage später sind die unmittelbaren Auswirkungen dieser Fehlentscheidung schon wieder vorbei. Wenn du dein Wohnzimmer neu ausmalst und dann merkst, dass dir die Farbe nicht gefällt, ist es zwar schade um die Arbeit, das Geld und das Material, aber diesen Fehler kannst du trotzdem relativ leicht wieder korrigieren.

Wirklich ernst wird es bei Entscheidungen, die dein Leben dauerhaft stark beeinflussen und darüber hinaus nicht, oder nur bedingt reversibel sind. Denn die besten Absichten, dein Leben zu gestalten, nutzen dir absolut nichts, wenn du es dir durch eine gravierende Fehlentscheidung unwiederbringlich verbaust.

Nicht ganz so fatal, aber immer noch sehr kontraproduktiv ist es, wenn du dich durch eine falsche Entscheidung auf längere Zeit selbst sabotierst. Wenn dein Lebenstraum vielleicht für einige Jahre in unerreichbare Ferne rückt, weil du hier und heute unbedacht einem Impuls nachgegeben hast.

Weil du zum Beispiel einen Kredit aufgenommen hast, für irgendetwas, das nur einen kurzfristigen Effekt auf dein Leben gehabt hat; einen Kredit, den du seit Jahren einfach nicht abbezahlt bekommst und der dir seither jeden finanziellen Spielraum nimmt.

Wenn du bereits in der Situation bist, dann hilft es nichts – dann sollte dein Plan erst einmal lauten, wieder aus dieser Lage herauszukommen. Aber wenn der Schlamassel noch nicht angerichtet ist, dann pass gut auf, dass du dir nicht durch unüberlegte Entscheidungen Probleme an den Hals hängst, die deinem Lebenstraum ernsthaft im Weg stehen können!

Was ich dir damit sagen will? Wann immer du eine langfristige Entscheidung triffst, stelle sicher, dass du ihre mögliche Tragweite richtig abschätzt. Entscheide dich unbedingt in die Richtung, die zu deinen langfristigen Plänen passt – und lass dich nicht von einem momentanen Gefühl, Impuls und erst recht nicht von anderen Menschen dazu verleiten, anders zu handeln. Du könntest es dein Leben lang bereuen!

Um dir dieses Thema sehr lebensnah und direkt näherzubringen, erlaube ich mir ein besonders heikles, aber auch sehr aussagekräftiges Beispiel zu bringen: Nachwuchs.

Ich wähle dieses Beispiel explizit deshalb, weil es gerade in diesem Fall eine sehr starke gesellschaftliche Erwartungshaltung gibt, die praktisch so gut wie jeden betrifft. Von jedem Menschen wird von klein auf mehr oder weniger erwartet, dass er später einmal Kinder haben wird.

Für manche Menschen sind eigene Kinder ein sehnlicher Wunsch und das Schönste was es im Leben gibt. Das bedeutet aber nicht, dass Fortpflanzung für jeden von uns die Antwort auf alle Sinnesfragen ist. Mehr noch: Es gibt Menschen, die in ihrem eigenen Interesse definitiv keine Kinder bekommen sollten. Wer Kinder in die Welt setzt, sollte generell (nicht nur als Freizeitpionier) wissen, dass er es auch wirklich so will. Denn Kinder sind eine Entscheidung fürs Leben.

Ich möchte gar nicht wissen wie viele Menschen es gibt, die ihr Kind zwar in den Mittelpunkt des eigenen Lebens stellen, aber eigentlich andere Pläne gehabt hätten und nun ihr ganzes weiters Leben ihrer Eltern-Rolle unterordnen müssen. Genau das ist nämlich etwas, das Freizeitpioniere scheuen wie der Teufel das Weihwasser: Sich einer Rolle unterordnen und Träume aufgeben zu müssen.

Ich selbst weiß, dass ich keine Kinder großziehen möchte. Das ist schlicht und einfach nicht, was ich mit meinem Leben vorhabe. Deshalb vermeide ich es auch konsequent, Kinder in die Welt zu setzen – nicht nur, dass ich es nicht darauf anlege. Nein, mir würde auch nicht im Traum einfallen »es darauf ankommen zu lassen.« Eine Entscheidung fürs Leben, nur weil ich einen Moment lang nicht konsequent gewesen wäre.

Nun ist es aber so, dass viele Mitmenschen glauben, sich in diese Entscheidung einmischen zu dürfen. Stimmen von außen. Angehörige oder Freunde. Ja, die ganze Gesellschaft mit ihren Medien und ihrer Werbung, die ihr Idealbild von der glücklichen, modernen Familie zeichnen. Es haben zum Beispiel schon oft Leute versucht mir einzureden, dass ich niemals glücklich sein kann, wenn ich keine Kinder habe. Als Freizeitpionier weiß ich allerdings selbst, was ich will und lasse es mir nicht von anderen einreden, egal wie überzeugt sie von ihrer Sache scheinen.

Als Freizeitpionier lassen wir uns ganz sicher nicht zu dieser Entscheidung drängen. Außerdem überlegen wir uns **im Vorhinein** genau, ob wir wirklich Kinder haben wollen. Wenn wir genau wissen, dass es unser Traum (bzw. Teil unseres Lebenstraumes) ist, Eltern zu werden, dann werden wir Kinder in die Welt setzen – oder, falls das nicht möglich ist, adoptieren.

Wenn es aber nicht Teil unseres Lebenstraumes ist, dann werden wir auch keine Kinder bekommen. Wir tun es ganz bestimmt nicht, weil andere es von uns erwarten. Auch nicht, weil es uns beigebracht worden ist, dass es »normal« ist, irgendwann Kinder zu haben. Weiters lassen wir auch nicht zu, dass momentane Leidenschaft dazu führt, dass wir unvorsichtig werden und als Quittung dafür den Rest unseres Lebens unwiderruflich anders verbringen werden als von uns erwünscht.

Egal worum es geht: Langfristige Entscheidungen solltest du niemals spontan, aus dem Impuls heraus fällen. Vor allem nicht unreflektiert, mit dem einzigen Hintergrund, dass andere dir dazu geraten haben. Je größere Auswirkungen eine Entscheidung auf dein Leben hat, umso mehr solltest du sichergehen, dass es wirklich dein eigener Wille ist, dem du folgst. Alles andere könnte dir zu einem späteren Zeitpunkt einmal sehr, sehr leidtun.

An langfristige Entscheidungen musst du also sehr vorsichtig heran-gehen. Das bedeutet aber nicht, dass du grundsätzlich jede Entschei-dung mit großer Tragweite vermeiden sollst. Dann wäre dein Leben zwar angenehm **locker**, allerdings würdest du damit auch auf die Mög-lichkeit verzichten, dir etwas aufzubauen – also auch darauf, dein Le-ben zu gestalten.

Ja. Auch Freizeitpionier zu sein, ist eine langfristige Entscheidung. Deinen Wunsch, deine Lebensrealität zu formen und deine Träume zu leben, wirst du nicht von heute auf morgen realisieren. Damit du die nötige Struktur dafür aufbauen kannst, musst du dich konsequent da-zu entscheiden, etwas von deiner Zeit und deiner Energie in dieses Vorhaben zu investieren. Mit **Sprunghaftigkeit** kommst du dabei nicht weiter. Wenn du deinen eigenen Weg gehen willst, dann musst du ihn konsequent und langfristig gehen.

Aber das Kapitel **langfristige Entscheidungen** betrifft nicht nur Dinge, die andere bzw. die Gesellschaft von dir fordern – selbst bei den Dingen, die du wirklich von dir aus willst, musst du entscheiden, ob die Zeit schon reif ist: Denn auch mit einer Herzensangelegenheit kannst du dich für eine ganze Weile verplanen. Für Wochen, Monate, vielleicht sogar Jahre!

Sobald du erlebender Freizeitpionier bist, kannst du nach Lust und Laune wählen, auf was du dich als Erstes konzentrieren möchtest. In diesem Fall kannst du auf dein Gefühl vertrauen.

Bist du allerdings noch aufbauender Freizeitpionier – und ich gehe davon aus, dass sich die überwiegende Mehrheit von uns in diesem Stadium befindet – musst du erst deinen Lebenstraum, also die von dir gewünschte Alltagsrealität, aufbauen. Das bedeutet, dass du dich vor-erst primär auf deinen zentralen, strukturgebenden Traum konzentrie-ren musst. Tust du das nicht und fokussierst erst eine andere Leiden-schaft, dann ist das zwar für den Moment eine wertvolle Beschäfti-gung, die allerdings langfristig nichts an deiner Alltagsrealität verän-dert.

Das Resultat ist, dass die dabei entstandenen positiven Gefühle recht bald wieder in deinem Alltag verwässern, anstatt zu deiner gewünschten Lebensrealität beizutragen. Dann bekommst du das Gefühl, dass das Schöne vorüber war bevor es wirklich angefangen hat; dass du es gar nicht richtig erleben konntest, so lange es da war.

Damit du deine Leidenschaften richtig erleben kannst, musst du die Reihenfolge beachten – sonst verpulverst du einerseits deine Freuden in einem Alltag, der dir insgesamt nicht viel gibt, und andererseits hinderst du dich selbst daran, deine Alltagsrealität langfristig zu gestalten. Kümmerst du dich nämlich um die **nicht-strukturgebenden** Träume zuerst, bleibt dein zentraler, strukturgebender Traum auf der Strecke.

Ein Beispiel: Mein zentraler, strukturgebender Traum ist meine Berufung als Kunstschaffender, insbesondere als Schriftsteller. Eine große Passion von mir sind klassische Autos. Zwar besitze ich heute schon einige Exemplare, doch ich befasse mich einstweilen nur soweit mit meinen Oldtimern, dass ich meinem zentralen, strukturgebenden Traum damit nicht im Weg stehe. Umfassende Restaurationsarbeiten, Oldtimer-Veranstaltungen und große Ausfahrten, bzw. Reisen mit den Autos werde ich erst dann in Angriff nehmen, wenn ich mich wirklich darauf konzentrieren kann.
Eines der Autos auf Hochglanz polieren? Eine kleine Runde fahren? Kein Problem, das sind kurze Freuden, die den Alltag versüßen. Aber alles an diesem Hobby, was mich langfristig beanspruchen würde, muss vorerst noch warten. Es wäre vorschnell und ich könnte es nicht richtig genießen. Davon abgesehen weiß ich jetzt schon, dass ich es bereuen würde, die Zeit nicht in meinen zentralen, strukturgebenden Traum investiert zu haben!

Es spricht nichts dagegen, wenn du dir den Alltag nebenbei mit diversen Kleinigkeiten (Details deines Lebenstraumes, oder aber Nebensächlichkeiten) lebenswerter machst. Nur ist es wichtig, dass du dich hauptsächlich auf deinen zentralen, strukturgebenden Traum konzentrierst und nicht durch andere Beschäftigungen (und mögen es voreilig fokussierte Träume sein) blockierst, die dich langfristig beanspruchen.

Doch auch was deinen zentralen, strukturgebenden Traum anbelangt, kann es von Bedeutung sein, dass du die richtigen Aspekte in Angriff nimmst und dich nicht langfristig mit Details aufhältst, die noch nicht an der Reihe sind.
Dazu noch ein Beispiel aus meinem Schriftstelleralltag: Gute Ideen für Projekte habe ich einige. Doch ich kann sie unmöglich alle gleichzeitig realisieren. Wenn ich mich dazu entscheide, eine Roman-Idee umzusetzen, muss ich damit rechnen, dass ich etwa ein Jahr lang an dem Manuskript arbeiten werde. Das ist durchaus eine langfristige Entscheidung – ich muss also sichergehen, dass ich mich diesem Projekt jetzt widmen möchte und vor allem, dass dadurch nicht ein anderer Ansatz, der mehr Potential hat, liegenbleibt.

Du solltest dir also selbst bei deinem zentralen, strukturgebenden Traum möglichst sicher sein, dass du den richtigen Ansatz verfolgst. Sonst investierst du viel Zeit und Energie in eine Leidenschaft, die dir vielleicht im Moment Spaß macht, dich allerdings auf deinem Weg vom aufbauenden zum erlebenden Freizeitpionier nicht weiterbringt.

10. Zeit

Dieser Aspekt – langfristige Entscheidungen – bringt uns an einen weiteren Punkt, der für uns durchaus relevant ist: Die Zeit.

Wir möchten gar nicht glauben wie sie dahinfliegt. Je älter wir werden, umso schneller vergeht sie scheinbar. Nun investieren wir als Freizeitpionier etwas von unserer Zeit in unseren Lebenstraum – unter Umständen durchlaufen wir eine jahrelange Durststrecke, bis unsere Bemühungen anfangen Früchte zu tragen. Im Angesicht der Tatsache, dass die Zeit derart schnell verfliegt, drängen sich natürlich folgende Fragen auf: Habe ich genug Zeit, meinen Lebenstraum zu verwirklichen? Lohnt sich das für mich überhaupt, oder vergeude ich etwa doch nur meine Zeit?

Die Frage, ob es sich lohnt, kannst du dir im Prinzip nur selbst beantworten. Du musst für dich selbst entscheiden, ob dein Lebenstraum die dafür eventuell notwendige Durststrecke wert ist. Das kannst einzig und allein du selbst beurteilen.

Wichtig ist allerdings, dass du dich dabei nicht von der **scheinbaren** Leichtigkeit anderer Menschen unter Druck setzen lässt. Wenn andere deinen Lebenstraum nicht verstehen, bezeichnen sie ihn gerne als **Zeitverschwendung**. Sie haben in Wahrheit zwar selbst keinen Plan für ihr eigenes Leben, belehren aber gerne mit »schlauen« Sprüchen á la: *»Das Leben ist kurz – lebe hier und heute!«*

Ein Dogma, das aus Freizeitpionier-Sicht unbedacht ist und eine Gefahr für das Empfinden von echter Erfüllung birgt. Demnach wäre jeder gestaltende bzw. korrigierende Eingriff in den Lauf der Dinge eigentlich nur vergebene Liebesmüh: Wir sollten uns also einfach nur treiben lassen und die Reise bestmöglich genießen, egal wohin sie uns führt … einfach, weil wir nicht genug Zeit hätten.

Dass das menschliche Leben kurz ist, dem kann ich nicht widersprechen. Aber ist es wirklich zu kurz, um deinen Traum zu leben? Ist es zu kurz, als dass du Zeit investieren kannst, damit du dir etwas aufbaust?

Wir sind Menschen – keine Eintagsfliegen! In den Jahrzehnten, die das durchschnittliche Menschenleben dauert, kann vieles passieren; du kannst vieles realisieren – und vieles erleben!

Das Leben ist kurz, wenn du nichts daraus machst. Wenn du Tag für Tag nur »da bist« aber nicht richtig (er)lebst, ist es eigentlich kein Wunder, dass deine Zeit dir wie Sand durch die Finger rinnt.

Einmal im Ernst: Wie viel Zeit vergeudet der typische westliche Mensch tagtäglich? Wenn er Tag für Tag in die Arbeit pendelt; wenn er für 10 Euro pro Stunde einen gähnend langweiligen Job macht; wenn er nach der Arbeit Zeit mit Kollegen statt mit Freunden verbringt; wenn er seine Nachmittage, Abende und Wochenenden mit Nachrichten, Reality TV oder unlustigen Internetvideos totschlägt; wenn er immer nur die geforderte Leistung für das System bringt, aber nie seinen eigentlichen Lebenstraum erlebt?

Klar! Wenn dein Alltag (jedenfalls teilweise) so aussieht, dann ist es kein Wunder, dass deine Zeit verfliegt und dir das Leben verdammt kurz vorkommt.

Darüber denken offenbar die Wenigsten wirklich gründlich nach: Ob sie ihre Zeit und ihr Leben womöglich gerade dann verschwenden, wenn sie einfach nur »da sind«, ihre Aufgaben erledigen und sich in ihrer Freizeit im Rahmen des »jetzt Greifbaren« unterhalten.

Du wirst von der Gesellschaft direkt dazu »erzogen«, gar nicht viel über das Leben nachzudenken und dir auch keine »großen Illusionen« zu machen: Du sollst mit den kleinen Dingen zufrieden sein; dir nicht mehr wünschen als das, was du hast; du sollst einfach deine Aufgaben erfüllen, Zeit mit Freunden verbringen, gemeinsam lachen; dein kleines, unbedeutendes Leben genießen. Punkt.

Ist das ein akzeptabler Lebensinhalt? Für manche Menschen vielleicht. Für Freizeitpioniere aber ganz bestimmt nicht! Wir wollen uns nicht mit dem begnügen, was für uns hier und heute schnell und einfach greifbar ist – wir wollen unseren wirklichen Lebenstraum (er)leben und unser Leben in jeder Hinsicht auskosten!

An diesem Punkt, wenn du dazu bereit bist Zeit zu investieren und auf manche kurzlebige Freude in deinem jetzigen Alltag zu verzichten, kommt gerne folgendes Killer-Argument: »Was, wenn dir etwas passiert? Dann hättest du deine ganze Zeit verschwendet!«
Ja. Selbstverständlich kann etwas Unvorhergesehenes passieren: Du könntest von einem Auto überfahren werden, krank werden, ein Meteorit könnte die Erde treffen und so weiter … es gibt immer ein Risiko. Aber ist das Risiko, dass du dein Leben verpasst, nicht viel größer und erschreckender?
Um diese Frage zu klären, lade ich dich zu einem kurzen Gedankenexperiment ein: Einmal angenommen du wärest **lebenslänglich** in Gefangenschaft und hättest die **einmalige** Gelegenheit zur Flucht: Würdest du nicht um jeden Preis fliehen? Oder würdest du die Chance vertun und in der Zelle zurückbleiben, um kein Risiko einzugehen? Eine Flucht ist natürlich gefährlich. Vielleicht würdest du sie nicht überleben. Aber wäre es nicht besser, es so lange wie möglich versucht zu haben, als das ganze Leben in Gefangenschaft zu verbringen?
Vielleicht würde die Flucht eine ganze Weile dauern und du müsstest lange untergetaucht bleiben, bis du anfangen kannst deine Freiheit richtig auszukosten. Aber würdest du deinen Ausbruch deswegen bereuen und dir wünschen, dass du in der Zelle geblieben wärst? Wäre nicht der Lebensabschnitt »Flucht« trotzdem viel lebendiger, wenn vielleicht auch beschwerlicher, als das monotone, geisttötende Dahinvegetieren in der Gefängniszelle?
Genauso musst du dir die Frage stellen, ob es nicht besser ist, an deinem Lebenstraum zu arbeiten (mit dem Risiko, ihn niemals zu erreichen), als es gar nicht erst zu versuchen und stattdessen ein (vermeintlich) angenehmeres Dasein in Belanglosigkeit und Betäubung zu fristen.

Als Freizeitpionier kennen wir die Antwort auf diese Frage genau: Wir sind gerne bereit, die **erforderliche** Zeit zu investieren, damit wir unseren Lebenstraum erleben können.

Jedoch bedeutet das nicht, dass wir mit unserer Zeit verschwenderisch umgehen! Wir werden nichts übereilen – **aber** wir werden die Phase, in der wir unseren zentralen, strukturgebenden Traum realisieren, auch nicht unnötig strecken! Uns ist bewusst, dass **Tempo** bei der Umsetzung unseres Lebenstraumes (gerade am Anfang) eine nennenswerte Rolle spielt.

Arbeiten wir daran, unseren Traum zu verwirklichen, dürfen wir uns wie gesagt selbstverständlich die Zeit nehmen, den Ansatz ordentlich auszuführen. Wenn es ein paar Monate dauert, dauert es eben ein paar Monate. Allerdings sollten wir die dafür vorgesehene Zeitspanne nicht zu großzügig wählen (bzw. erst recht nicht zugunsten von Gemütlichkeit immer wieder weiter ausdehnen), weil wir dann zu viel Zeit in einen einzigen Versuch investieren.

Vor allem am Anfang, in der reinen Experimentierphase, haben wir mehrere Ansätze. Wir beginnen mit einem Ansatz und testen, ob er Potential hat. Wir nehmen uns die Zeit, unseren Plan gewissenhaft auszuführen – wir hoffen schließlich auf einen Erfolg. Nur werden wir dennoch oft feststellen, dass uns der Ansatz, obwohl er viel Arbeit gekostet hat, nicht dorthin geführt hat, wohin wir wollten. Das ist okay. Wir lernen daraus und versuchen einen anderen Weg.

Allerdings ist es nicht okay, wenn wir uns viel mehr Zeit als notwendig mit dem fehlgeschlagenen Ansatz gelassen haben – in diesem Fall können wir tatsächlich von **verlorener Zeit** sprechen.

Arbeiten wir gewissenhaft an unserem Plan, haben aber die Zeitspanne dafür zu großzügig gewählt, merken wir das, indem wir in den entstehenden »Leerlaufzeiten« eine gewisse Unruhe in uns spüren. Zwar sollten wir uns auch in der Aufbauphase nicht dauernd zur Höchstleistung drängen ... aber wir sollten uns auch keine Pausen aufzwingen. Wenn wir schneller vorankommen als gedacht, werden wir unseren Fortschritt nicht drosseln, nur damit wir »im Plan« bleiben.

Du musst deine Zeit als aufbauender Freizeitpionier keinesfalls als eine Durststrecke betrachten, die du so schnell wie möglich hinter dich bringen willst. Es ist sogar sehr wünschenswert, wenn es dir gelingt, den Aufbau deines Lebenstraums als ein Abenteuer wahrzunehmen. Trotzdem sind deine Träume dazu da, dass du sie erlebst – und nicht dazu, dass du dich dein Leben lang nur danach sehnst. Vor allem deshalb ist es wichtig, dass du eben nicht nur immer davon redest und dir in Gedanken ausmalst, was du gerne hättest, bzw. nur alibihalber daran arbeitest – sondern dich wirklich um **praktische** Fortschritte kümmerst!

Wenn ich ein Buch schreibe, arbeite ich sehr konsequent an dem Manuskript. Einige Menschen aus meinem Umfeld verstehen dann oft nicht, warum ich mir über Monate beinahe an jedem Abend die Zeit nehme, um zu schreiben. Ich bin doch freier Schriftsteller. Es zwingt mich ja keiner. Warum gehe ich die Sache nicht viel entspannter an? Warum mache ich mir so einen Stress?
Die Antwort ist: Ich mache mir keinen Stress. Ich bin nur darauf bedacht das zeitliche Investment in mein Projekt in einem vernünftigen Rahmen zu halten. Denn mein Lebenstraum beinhaltet noch sehr, sehr viel mehr als einfach nur dieses eine Buchprojekt irgendwann fertigzustellen. Ich würde mir also selbst im Weg stehen, würde ich die Arbeit allzu sehr »in die Länge ziehen.«

Tatsächlich ist das ein wesentlicher Grund dafür, warum viele Menschen es nicht schaffen, ihre Träume wahr zu machen: Weil sie sich nicht dazu aufraffen können, gewissenhaft und zielgerichtet an ihrem eigenen Projekt zu arbeiten. Also kommen sie nicht und nicht vom Fleck ... und geben ihren Traum irgendwann einfach auf.
Genau deshalb ist es wichtig, dass du lernst mit der Ressource »Zeit« verantwortungsvoll umzugehen: Du nutzt sie für Erlebnisse; du nutzt sie für die Verwirklichung von deinem Lebenstraum. Du vergeudest sie nicht mit halbherzigen Versuchen und Alibi-Aktionen – und erst recht nicht für zielloses Dahinvegetieren.

11. Ressourcen sinnvoll nutzen

Im vorigen Kapitel haben wir besprochen, dass wir die Ressource »Zeit« sinnvoll nutzen. Doch nicht nur was die Zeit angeht, sondern auch insgesamt werden wir als Freizeitpionier mit unseren Ressourcen verantwortungsvoll umgehen. Wir werden weder unsere Energie, noch unser Hab und Gut für etwas vergeuden, das uns in Wahrheit nichts bedeutet – bzw. das wir zum gegenwärtigen Zeitpunkt einfach noch nicht richtig erleben können.

Rein theoretisch ist Sparsamkeit zwar keine notwendige Charakteristik eines Freizeitpioniers: Wer die erforderlichen Mittel hat, kann getrost ein aufwändiges Leben führen und trotzdem Freizeitpionier sein. Das ist durchaus kein Widerspruch.

In der Praxis ist es allerdings so, dass die wenigsten von uns Geld in Hülle und Fülle haben. Insofern sind die richtige Einteilung und Priorisierung von persönlichen Ressourcen oft entscheidende Mittel dafür, ob wir unsere Ziele erreichen oder nicht.

Je eher du das Gefühl hast, dass du dir dein Geld sehr hart verdienst, umso mehr ist es ratsam, dass du sparsam damit umgehst. Vor allem dann, wenn du an einem Punkt bist, an dem du dich mit deinem aktuellen Alltag überlastet fühlst, ist es wichtig, dass du dir nicht noch mehr (Arbeits-)Aufwand aufbürdest, etwa indem du versuchst einen aufwändigen Lebensstandard aufrechtzuerhalten.

Genau hier, an diesem Punkt, machen viele Menschen einen fatalen Fehler: Sie versuchen Stress und Überlastung zu kompensieren, indem sie sich teure Dinge leisten. Ständig neue Anziehsachen. Ein neues Auto. Oder eine teure Mitgliedschaft im Fitness-Center. Dinge, von denen sie sich mehr Lebensqualität versprechen, weil ihnen das die Werbung erfolgreich eingebläut hat. Doch der Effekt ist das Gegenteil: Für das kurzfristige Glücksgefühl, das beim Kauf entsteht, bezahlen sie langfristig mit noch mehr Stress und Überlastung, weil sie sich diesen Luxus jetzt zusätzlich erwirtschaften müssen.

Was dir in so einem Fall tatsächlich hilft, ist die rationale Überlegung, was du wirklich brauchst (und haben möchtest) und worauf du verzichten kannst. Vorerst ist es wichtig, dass du so viel wie möglich wegrationalisierst und dir damit eine Verschnaufpause verschaffst. So kannst du wieder an einen Punkt finden, an dem du das Leben im Griff hast.

Das ist übrigens auch ein wesentliches Thema in meinem Buch **Der Freizeitpionier**: Ferdinand Grenzmann, der Hauptcharakter, ist mit seinem Leben sehr unzufrieden und – gemessen an westlichen Standards – praktisch mittellos. Jedoch konzentriert er die wenigen Mittel, die er hat, um trotzdem eine Veränderung zu wagen und das zu verwirklichen, was für ihn als nächster Schritt am Wichtigsten ist.

Als Freizeitpionier ist uns wichtig, dass wir **souverän** und **unabhängig** sind: Wenn wir ständig im sprichwörtlichen Hamsterrad laufen, können wir unsere Lebensrealität weder gestalten … noch können wir unser Leben wirklich genießen. Deshalb ist es entscheidend, dass wir unsere Ressourcen nicht damit überstrapazieren, den »Lifestyle« aus der Werbung (und Social Media) bestmöglich nachzuahmen.

Wann immer wir eine bestimmte Sache kaufen, verwirklichen oder erhalten, bedenken wir daher stets die **Kosten-Nutzen-Rechnung**: Was nützt uns die Sache tatsächlich, in Hinblick auf unser Lebensglück – und was kostet sie uns wirklich? Ich spreche hier nicht von Geld – sondern von der Zeit, der Energie und der Freiheit, die wir opfern müssen, um ebendieses Geld zu verdienen.

Ist das Geld bereits auf deinem Konto, kannst du leicht **eitel** sein. Dann kannst du dir diesen Moment natürlich gönnen, in dem du dir selbstgefällig denkst: »*Mir doch egal was das kostet, ich bin es mir wert!*«

Das Problem bei der Sache: Es ist eben nicht egal. Du würdest mit dieser Denkweise nur einen flüchtigen Moment heraufbeschwören, in dem du dich souverän fühlst und für dieses emotionale Strohfeuer deine Ressourcen zusätzlich belasten.

Du bezahlst schließlich nicht in dem Moment, wenn du das Geld aus der Hand gibst, bzw. überweist. Du bezahlst, wenn du für 10 Euro

Stundenlohn an irgendeiner Produktionsmaschine stehst, oder an einem Büroplatz vor dem Bildschirm sitzt – oder wie auch immer du dein Geld erwirtschaftest. Das sind die Momente, in denen du wirklich bezahlst: Du bezahlst mit deiner Energie, deiner Gesundheit, deiner Zeit und deiner Freiheit.

Als Freizeitpioniere sind wir uns dieser Tatsache bewusst. Deshalb verzichten wir darauf, unsere hart erarbeiteten Ressourcen aus Eitelkeit zu verprassen. Wir wissen, dass wir durch leichtfertiges Geldausgeben nicht souveräner werden, sondern uns nur zusätzlich abhängig machen und noch mehr Lasten aufladen.

Dabei ist es eine Sache, wenn wir bereits erwirtschaftetes Geld (oder materielle Ressourcen) verpulvern, um einen kurzen Moment über unseren Verhältnissen zu (er)leben. Doch der echte – jedoch alltägliche – Wahnsinn liegt darin, uns unbedacht zu **verschulden**. Für Freizeitpioniere ist das ein Super-GAU.

Zwar kann ein Kredit unter bestimmten Umständen auch für Freizeitpioniere eine Option sein, wenn es um die Schaffung von wichtigen Ressourcen mit sehr langfristigem Effekt geht. Wenn du dir ein Eigenheim schaffst, zum Beispiel. Vor allem dann, wenn du zudem noch deinen Beruf gerne machst ... dann ist nicht viel verloren, wenn du dich für eine gewisse Zeit in Abhängigkeit begibst. Auch denkbar ist unter Umständen, ein neues Auto zu finanzieren, wenn du vorhast es dann lange (also weit über den Finanzierungszeitrum hinaus) zu nutzen. Wenn du den Wagen nach ein paar Jahren wieder zurückgibst und gegen ein neueres Modell tauscht, tust du eigentlich nichts als mit deinen monatlichen Zahlungen den Wertverlust auszugleichen ... du zahlst nur, schaffst damit aber keine dauerhafte Ressource.

Was wir als Freizeitpionier jedenfalls bestimmt nicht fremdfinanzieren, sind Dinge mit kurzfristigem Effekt: Also Vergnügungseinkäufe, Feiern, Urlaube, Geschenke und Dergleichen. Wenn wir das Geld nicht haben, gibt es eben keine Shopping-Tour; dann veranstalten wir eben kein Grillfest; dann geben wir uns eben die Blöße, in diesem Jahr keine teuren Weihnachtsgeschenke zu kaufen.

Heute verleiten Slogans á la *»Jetzt kaufen, erst später bezahlen«* die Leute zum Konsum: Dazu, leichtfertig Geld auszugeben, für irgendwelche Impulskäufe – und zwar Geld, das wir nicht haben! Damit verpfänden wir bis auf Weiteres unsere **Freiheit**, für kurzfristige Eitelkeit.

Ja, ganz Recht – unsere Freiheit! Denn Schulden drängen uns in einen Zustand, der in mancher Hinsicht einer Gefangenschaft gleicht. Trotzdem ist dieser Weg für viele Menschen scheinbar attraktiver als gelegentlicher **Verzicht**.

Auf etwas zu verzichten, gilt heute gleich in mehrerlei Hinsicht als extrem unschick. So unschick, dass viele bereit sind sich zu verschulden, um (temporär) auf nichts verzichten zu müssen. Denn mit Verzicht signalisieren wir erstens, dass wir uns etwas nicht leisten können – also eine niedrige soziale Stellung haben (die Rangkämpfe aus dem Tierreich lassen grüßen). Zweitens ist uns erfolgreich eingetrichtert worden, dass jeder noch so kleine Konsumverzicht ein unzumutbarer Einschnitt in unsere Lebensqualität ist und wir uns quasi selbst schaden, wenn wir auf etwas verzichten.

Paradoxerweise denkt kaum jemand an die unzähligen Stunden, die wir auf Freiheit verzichten, um diesen ständigen Konsumwahn finanzieren zu können. Wenn wir am Wochenende auf eine Freizeitbeschäftigung verzichten müssen, ist das unzumutbar ... aber, dass wir unter der Woche im Regelfall an fünf Tagen mindestens acht Stunden lang auf unsere Freiheit verzichten, darin erkennen die Leute kein Problem.

Wenn deine Arbeit eine Berufung ist und du gutes Geld verdienst, dann kannst du dir von diesem Geld auch getrost etwas leisten. Aber einmal ehrlich: Auf wie viele Menschen trifft es schon zu, dass sie ihren Job wirklich aus Leidenschaft machen? Ja, und wie viele davon verdienen mit ihrer Arbeit wirklich viel Geld?

Damit sind wir wieder bei dem Punkt, dass wir im Normalfall mit unseren hart erwirtschafteten Ressourcen sparsam umgehen sollten ...

vor allem, wenn wir den Wunsch haben, uns etwas aufzubauen und unsere Lebensrealität mittel- bis langfristig zu gestalten!

Neben der Tatsache, dass wir selbst lernen müssen mit unseren Ressourcen richtig umzugehen, müssen wir auch sichergehen, dass sie nicht von Mitmenschen vergeudet werden.
Wenn du dir eine Struktur aufbaust, kann es nämlich leicht passieren, dass deine Ressourcen auch dein Umfeld zu interessieren beginnen. In diesem Fall ist Vorsicht geboten: Wenn du nicht aufpasst, verbrauchen andere unbekümmert das, was du dir mühevoll geschaffen hast.

Ein Beispiel: Angenommen, du bist oft darauf angewiesen sperrige Dinge zu transportieren und kaufst dir einen Kleintransporter. Du erwirtschaftest diese Ressource, damit du deine Transporte ab sofort umstandslos erledigen kannst.
Jetzt musst du sehr gut aufpassen! Es ist gut möglich, dass sich plötzlich Angehörige, Freunde, Bekannte und Kollegen sehr oft bei dir melden werden: »Du, ich muss da morgen was führen. Ich kann mir eh deinen Transporter ausborgen, oder?«
Diese scheinbar harmlose Frage kann es gehörig in sich haben: Ehe du dich versiehst, ist dein Transporter ständig unterwegs. Aber kaum für deine eigenen Zwecke, sondern immer nur für wen anderen. Was dir bleibt? Die Abnutzungen und die Schäden am Auto, die nach und nach auftreten werden. Die Treibstoffkosten, wenn einmal wieder jemand »vergisst« den Transporter nach dem Einsatz wenigstens aufzutanken. Der Ärger, wenn dir eine Strafe ins Haus flattert, weil mal wieder jemand besonders »schonend« mit deinem Auto gefahren ist – und dann vielleicht noch die Nerven hat abzustreiten, dass er zu diesem Zeitpunkt mit dem Transporter unterwegs gewesen ist. Wenn das Auto mit einer großen Delle oder Schramme zurückgebracht wird, heißt es gerne: »Das war doch vorher schon so!«
Oder, wenn ein Verkehrsunfall passiert: »Was, das Auto ist nicht Vollkasko-versichert? Warum hast du auch keine ordentliche Versicherung abgeschlos-

sen? Dann bist du selbst schuld! Ich werde die Reparatur jedenfalls nicht bezahlen.«

Andere Leute nehmen sich gerne den Nutzen von dir – was dir im Regelfall bleibt, ist der Schaden.

In unserer Gesellschaft gelten wir schnell als »neidig«, wenn wir Dinge nicht bereitwillig teilen. Diese Tatsache nutzen andere (bewusst oder unbewusst) gerne aus, um dich sozial unter Druck zu setzen, wenn du ihnen nicht wie verlangt deine Ressourcen überlässt.

Sehr viele Menschen denken ganz einfach nicht so weit, dass sie auf die Idee kommen könnten, dass sie deine Ressource schleichend **verbrauchen**, wenn sie dich öfters darum bitten – oder auch, wenn du ohnehin schon von anderen andauernd darum gebeten wirst. Sie sehen nur, dass du etwas hast, was ihnen weiterhelfen kann – und wenn du »Nein« sagst, reagieren sie schnell enttäuscht und nennen dich einen »Egoist«. Dabei sind sie selbst die wahren Egoisten: Weil sie deine mühevoll erarbeiteten Ressourcen nutzen und verbrauchen wollen, um es sich selbst einfach zu machen!

Das bedeutet übrigens nicht, dass du keinem Menschen auf der Welt helfen sollst. Nur dieser Selbstverständlichkeit, dass alles was du für dich aufbaust automatisch auch deinem Umfeld zur Verfügung stehen muss, darfst du gerne eine Absage erteilen!

Es spielt natürlich auch eine Rolle, wer fragt: Wenn dich jemand, der dir sehr nahesteht, um deinen Transporter bittet, kannst du ihn schon verborgen. Ebenso wenn jemand fragt, der auch jederzeit bereit ist dir zu helfen – dann kannst du diesem netten Menschen selbstredend gerne etwas von deinen Ressourcen zur Verfügung stellen.

Aber wenn dich jemand anruft, der sich sonst nie meldet und zuckersüß um deinen Transporter bittet, darfst du den Anrufer gerne darauf hinweisen, dass es Firmen gibt, die Transporter vermieten.

Je teurer und empfindlicher die Ressource, umso mehr haben andere zu verstehen, dass du dir selbst schadest, wenn du ihnen zur Verfügung stellst, was du eigentlich für dich selbst geschaffen hast. Einen

Schraubenzieher oder eine Schere kannst du leicht verborgen – ein Auto oder eine andere teure Maschine eher nicht.

Als Freizeitpionier ist es sehr wichtig, dass du dich nicht von anderen förmlich aussaugen lässt, sobald du anfängst sichtbare Ressourcen zu schaffen. Du arbeitest an **deinem** Lebenstraum – du bist nicht der Arbeits-Ochse der Menschen, die das Leben gerne leichtnehmen und meinen: »*Ist ja eh alles da, man muss nur wissen von wem man es sich borgen kann.*«

12. Leistung

Die Vorstellung, mit den eigenen Ressourcen verantwortungsvoll umzugehen, fällt vielen Menschen womöglich aus einem bestimmten Grund schwer: Weil wir von klein auf darauf geprägt werden, uns über unsere Leistung zu definieren. Wir lernen also gar nicht so sehr, unsere Ressourcen zu nutzen – wir lernen, durch möglichst viel Leistung immer und immer wieder Ressourcen zu schaffen (egal, ob wir sie brauchen oder nicht). Unsere Arbeitsleistung steht im Vordergrund. Auch werden wir von der Allgemeinheit sehr danach bewertet, wie hart wir arbeiten und wie viel Geld wir mit unserer Arbeit erwirtschaften. Aber, ob wir damit letztendlich ein erfülltes und glückliches Leben führen, ist der Gesellschaft in Wahrheit vollkommen egal.

Keine Frage: Leistung ist etwas Wichtiges, auch für Freizeitpioniere. Wenn du etwas erreichen willst; wenn du Ressourcen schaffen willst; ja, wenn du deinen Lebenstraum wahrmachen willst, wirst du ohne Engagement – ohne Leistung – nicht weit kommen. Allerdings ist die Leistung ein Werkzeug: Etwas, das du einsetzt, um ein gewünschtes Ziel zu erreichen. Sie ist kein **Lebensinhalt** ... versuchst du dich dennoch über deine (Arbeits-)Leistung zu definieren, ist dein Leben inhaltslos und du machst dich selbst kaputt.
Eigentlich eh klar, oder? Aber bist du dir wirklich sicher, dass das so klar ist? Tatsächlich ist unser gesellschaftliches Miteinander sehr darauf ausgelegt, dass deine Leistung festlegt, wer du bist. Dein Job ist ein wesentlicher Teil deiner Identität. Dein Arbeitseinsatz, deine Position und dein Einkommen bestimmen maßgeblich, ob du ein »interessanter Mensch« oder ein »Versager« bist.
Ständig wird dir suggeriert, dass es gar nicht so wichtig ist, ob du im Leben bekommst was du willst – Hauptsache, du bist immer fleißig und leistest deinen Beitrag. Der Gesellschaft geht es nicht um deine Seelenzufriedenheit, sondern darum, dass du schön brav, wie ein gut

geöltes Zahnrädchen, im System **funktionierst**. Nur dann hat dein Leben einen Sinn.

Diese gefährliche Beeinflussung durch die Allgemeinheit ist auch darin erkennbar, dass viele Menschen den Begriff »Erfüllung« mehr oder weniger damit gleichstellen, dass du »etwas an die Gesellschaft zurückgibst«. Die Frage, ob du ein erfülltes bzw. sinnvolles Leben führst, wird sehr stark daran gemessen, ob du für die Gesellschaft nützlich bist oder nicht. Dein Lebensinhalt wird also gleichgesetzt mit »etwas für die Allgemeinheit tun.«

Insofern existiert ein immenser sozialer Druck zur Leistung: Je eher du gewillt bist dein Leben in den Dienst der Allgemeinheit zu stellen, umso eher beurteilen andere deine Existenz als »sinnvoll«, bzw. »wertvoll.«

Tatsächlich ist es in vielen Kreisen absolut nicht akzeptiert, wenn du beispielsweise nicht gerne arbeiten gehst und nicht dankbar bist, dass du überhaupt einen Job hast.

Warum das so ist? Ganz einfach: Weil du für die »menschliche Herde« viel nützlicher und zudem kontrollierbarer bist, wenn du dich über deine Leistung und nicht über deine Seelenzufriedenheit definierst. Denn so wirst du deine individuellen Wünsche immer dem kollektiven Kurs unterordnen. Auf diese Weise bildet die Gesellschaft eine starke Herde – in der individuelle (Lebens-)Träume aber nur zum Schein etwas wert sind.

Für einen Freizeitpionier ist Leistung einfach nur ein Mittel zum Zweck. Nichts worüber wir uns definieren. Nichts, das wir erbringen, damit wir uns vor anderen damit brüsten können. Nichts das wir brauchen, um uns **selbst wertvoll** zu fühlen.

Wir definieren uns über unsere wirklichen Interessen, über unsere Erlebnisse und Empfindungen – und nicht über unsere Leistungen. Wir **verklären** Leistung nicht zu unserem Lebenssinn. Wir wollen nicht »später einmal« stolz darauf sein, was wir alles geleistet haben – wenn, dann wollen wir mit Freude darauf zurückblicken, was wir alles an aufregenden, interessanten und schönen Dingen erlebt haben!

Wenn wir unseren Lebenstraum aufbauen und erleben, legen wir bestimmt nicht primär Wert darauf, ob andere bzw. die Allgemeinheit unsere Lebensweise als »sinnvoll« bewerten.

Wir setzen Leistung gezielt ein, um unsere Träume wahr zu machen – wir vergeuden unsere Zeit nicht damit, unnötig viel zu leisten.

Diese Einstellung birgt in unserem System jedoch eine gewisse Problematik: Die Gesellschaft lehrt das Individuum schon seit Jahrtausenden, **demütig, fleißig** und (gegenüber dem Kollektiv) **unterordnend** zu sein. Denn nur, wenn du deine eigenen Bedürfnisse hintenanstellst, bist du eine gute **Arbeitskraft** für das System. Du sollst bloß nicht auf die Idee kommen, **egoistisch** zu sein und für deine eigenen Pläne deine »kollektive Verantwortung« zu vernachlässigen.

Aber einmal ganz im Ernst: Ein **gesunder Egoismus** ist nicht verwerflich. Es ist dein gutes Recht, dich in erster Linie um dich selbst zu kümmern. Das bedeutet ja nicht, dass dir der Rest der Menschheit deswegen gleich vollkommen egal ist. Du kannst anderen gerne etwas Gutes tun. Du musst (und sollst) ja auch niemandem schaden. Fühle dich aber nicht verpflichtet, dich für die Bedürfnisse, Erwartungen und Vorstellungen anderer Menschen aufzuopfern. An genau diesem Punkt ziehen wir als Freizeitpionier eine ganz klare Grenze!

Allerdings kennen diese Grenze nicht nur Freizeitpioniere: Die Idee, dass wir selbst als Individuen zählen, ist längst nicht mehr neu. **Selbstverwirklichung** und **Individualismus** stehen hoch im Kurs. In den vergangenen Jahrzehnten ist bereits viel erreicht worden, um aus dieser jahrtausendealten Prägung, die ihren Ursprung wohl im Herdentrieb hat, auszubrechen.

Oft geht es also gar nicht so sehr darum, dass wir gegen andere rebellieren – sondern eher darum, dass wir selbst einen gesunden Bezug zum Thema »Leistung« entwickeln: Dass wir uns nicht darüber definieren, aber sehr wohl ihre Notwendigkeit erkennen: Dass wir wissen, in welchen Fällen es wirklich sinnvoll ist, Leistung zu erbringen und wann wir damit nur unsere Energie vergeuden würden.

Als Freizeitpionier wollen wir Unliebsames so gut wie möglich aus unserer dauerhaften Lebensrealität tilgen. Allerdings sind wir gewillt, wie es für Pioniere charakteristisch ist, temporär Strapazen auf uns zu nehmen – um unser Leben zu gestalten: Wir stellen uns unseren Problemen und lösen sie effektiv. Was wir allerdings nicht vertragen, ist **Sisyphusarbeit**. Leistung, die immer und immer wieder erbracht werden muss und deren Effekt stets im Nichts verpufft.

Ein Beispiel zur Veranschaulichung: Einmal staubsaugen in den eigenen Wohnräumen ist nicht schlimm. Wenn wir es aber alle paar Tage oder gar täglich tun müssen, wird es schnell lästig. Wenn uns das ständige Böden-Reinigen nervt, werden wir als Freizeitpionier tendenziell eher die Strapaze in Kauf nehmen, das Geld zu verdienen um einen Saugroboter zu kaufen, als täglich Zeit zu opfern, um die Böden im Wohnbereich zu reinigen. Es sei denn, dass wir uns als aufbauender Freizeitpionier in einer Phase befinden, in der wir daran arbeiten ein größeres Problem aus der Welt zu schaffen als verunreinigte Böden. In diesem Fall greifen wir doch lieber gelegentlich zu Besen bzw. Staubsauger und leben damit, dass sich immer wieder eine Staubsicht am Fußboden ansammelt.

Das mag ein recht einfaches Beispiel sein, doch ich denke, wir können nachvollziehen was damit gemeint ist: Als Freizeitpionier wollen wir Strukturen und Systeme schaffen, damit möglichst viele unliebsame Aspekte unseres Lebens früher oder später automatisiert ablaufen und wir nicht ständig Zeit und Energie aufwänden müssen, um sie selbst auszuführen. Zeit und Energie, die wir genauso investieren könnten, um Erfüllung zu erleben!

Was Aufgaben anbelangt, die zwar gemacht werden müssen, von denen wir uns aber keine für uns bedeutsamen Ergebnisse zu erwarten haben, bedienen wir uns gerne dem »**gesunden Minimalismus**.« Darunter ist zu verstehen, dass wir nur so viel Zeit und Energie in deren Erledigung investieren, wie dafür unbedingt notwendig ist. Wir vergeuden keine Mühe, um »Fleißarbeit« zu machen, nur um anderen zu beweisen wie gut wir sind.

Ich selbst habe die Freizeitpionier-Idee schon so sehr verinnerlicht, dass ich es gar nicht mehr recht schaffe mich auf etwas zu konzentrieren, das mich nicht interessiert. Das kann im Alltag zwar manchmal hinderlich sein ... doch eigentlich hindere ich mich damit nur daran, zu viel Zeit und Energie für Dinge zu vergeuden, die mich nicht erfüllen. Ich verhindere damit auch, dass ich von meinem Weg abdrifte und in einen Alltag gerate, der mich auf Dauer innerlich aushöhlt. Es ist in Wahrheit also eine wichtige Schutzfunktion. Sie schützt mich vor Ballast in meinem Bewusstsein, der meine kostbaren Gedanken blockieren und verdrängen würde.

So habe ich mir beispielsweise während meinem Studium angewöhnt, Arbeiten in Fächern, die mich nicht interessiert haben, mit dem geringstmöglichen Aufwand zu erledigen. Ich habe angefangen diesem anerzogenen Drang zu widerstehen, alle an mich gestellten Aufgaben mit größter Sorgfalt zu machen. Ich wollte nicht mehr beweisen, wie viel ich zu dem Thema wusste. Ich verstand, dass diese Arbeit keinen anderen Effekt haben würde, als dass sie vom Lektor neben meiner Matrikelnummer als »erledigt« abgehakt würde. Es war also vollkommen egal, ob ich einen minimalistischen Text, der gerade einmal die Mindestlänge hatte, oder eine mühevoll erstelle Arbeit abgab. Bei Arbeiten, die benotet wurden, nahm ich bewusst eine schlechtere Note in Kauf. Ob ich mit einem »Sehr Gut« oder einem »Genügend« durchkommen würde, war mir in diesen Fächern ziemlich gleich. Wichtiger war mir, dass ich meine Zeit nicht für diese »Beschäftigungstherapie« vergeuden würde.

Dieses Vorgehen hatte den Effekt, dass meine Studentenzeit ziemlich entspannt gewesen ist, während ich mich erinnere, dass einige meiner Kommilitonen ständig Stress hatten, weil sie alle Aufgaben ernstnahmen. Letztendlich war es auch so, dass diese »minimalistischen« Arbeiten häufig gleich gut oder sogar besser benotet wurden als die aufwändig verfassten Arbeiten der ehrgeizigen Kollegen. Da es mir auch nicht darum ging, mir in dem Fach Detailwissen anzueignen, wäre jeder Mehraufwand für mich also vollkommen überflüssig gewesen. Diese Effizienzoptimierung hatte im Übrigen nicht nur zur Folge, dass ich eine angenehme Studienzeit hatte – sondern auch, dass mir neben dem Studium die Zeit blieb, meinen ersten Roman zu schreiben.

Anhand von diesem Beispiel erkennen wir gut, dass es durchaus möglich ist, Aufgaben mit deutlich weniger Aufwand zufriedenstellend zu erledigen – und damit zu verhindern, dass wir uns durch unseren anerzogenen Hang zur **Leistungsdemonstration** selbst **blockieren**!

Ja, in der Tat: Wenn du dich zu sehr auf Aufgaben konzentrierst, die du für andere/für das System zu erfüllen hast, verbrauchst du dafür zu viel deiner Zeit und deiner Energie und blockierst dich im Endeffekt selbst: Weil dir weder genug Zeit und Energie bleiben, um dein Leben zu gestalten – noch, um dein Leben so richtig zu genießen.
Als Freizeitpionier beginnst du ein Gespür zu entwickeln für die Aufgaben, die auf deinem Weg wirklich relevant sind. Du konzentrierst dein **Leistungspotential** so gut wie möglich auf deinen zentralen, strukturgebenden Traum und schließlich auf deinen Lebenstraum. Du vergeudest dein Leistungspotential weder, um sinnlose Aufgaben (also Aufgaben, deren Erledigung keinen echten Effekt auf dein Leben hat) zu erfüllen, noch um anderen zu demonstrieren wie fleißig du bist – du investierst sie, um Negatives aus deiner Lebensrealität wegzurationalisieren und vor allem, um möglichst viel Positives zu schaffen.
Der Unterschied, den du nach und nach spüren wirst, ist phänomenal: Ob du Leistung erbringst, weil du musst, bzw. sollst – oder weil du es wirklich willst!

13. Macht

Leistung ist ein wichtiger Faktor auf deinem Weg zum erlebenden Freizeitpionier, allerdings sollte sie nicht auf Dauer die hauptsächliche Stütze deines zentralen, strukturgebenden Traumes sein.

Wenn du anfängst dein Leben gezielt zu gestalten, kann (und wird) es vorerst einmal eine Mehrbelastung sein. Wie bereits in Kapitel 6 angesprochen, steht am Anfang meist eine Experimentierphase, in der du herausfinden wirst, welche Ansätze eher das Potential haben zu funktionieren und welche nicht. Während diesem Lernprozess baust du deine persönliche **Macht** aus. Dabei bedeutet der Begriff »Macht« im Freizeitpionier-Kontext weniger eine Gewalt über andere, sondern viel mehr die Fähigkeit, dir selbst helfen zu können. Macht bedeutet: »du kannst etwas machen.«

Genau dieser Punkt ist für Freizeitpioniere essentiell! Selbst wenn du dich von diversen gesellschaftlichen Hürden nicht mehr ausbremsen lässt, stehst du immer noch vor einer wesentlichen Herausforderung: Du musst einen Weg finden, deine Vision zur Wirklichkeit zu machen. Damit das funktionieren kann, musst du erst einmal im Rahmen des Notwendigen ein Gefühl dafür entwickeln, wie die Welt rund um dich funktioniert. Du kannst deine Umgebung nur gestalten und an deinen Lebenstraum anpassen, wenn du sie verstehst.

Ein Beispiel zur Veranschaulichung: Damit ein Techniker eine Maschine reparieren kann, muss er sie ebenfalls zuerst verstehen. Er muss ihre Funktionsweise kennen, damit er korrigierende Eingriffe vornehmen kann. Sein Verständnis für die Maschine bedeutet Macht: Sowohl über die Maschine selbst, als auch über den Effekt, den die Maschine haben kann.

Je nachdem wie dein Lebenstraum aussieht, musst du dir die notwendige Macht aneignen, damit du ihn verwirklichen kannst. Das bedeutet, du musst herausfinden, welcher Weg zu deinem Ziel tatsächlich funktioniert. Du brauchst das notwendige **Know-how**.

Ich selbst habe mir auf meinem Weg beispielsweise eine recht breite Palette an grundlegenden handwerklichen Fähigkeiten angeeignet – da mir diese Kenntnisse die Macht geben, verschiedene Probleme ohne fremde Hilfe zu lösen: Einerseits kann ich viele Dinge selbst reparieren und andererseits ist es mir möglich Ideen und Visionen, im wahrsten Sinne des Wortes, eigenhändig zu realisieren.

Vieles habe ich zum Beispiel gelernt, während ich mein Haus renoviert habe. Ohne diese Lernbereitschaft hätte ich mein günstig erworbenes Haus nicht bezugsfertig machen können – damit wäre der Traum vom Eigenheim für mich als Schriftsteller tatsächlich unrealistisch gewesen. Ich musste mir also eine gewisse Macht aneignen, damit ich einen heruntergekommenen Streckhof in meine Künstlerresidenz verwandeln konnte – gleichzeitig habe ich durch die Verwirklichung dieses Traumes ein weiteres **Machtpotential** geschaffen: Ich habe meine persönliche Macht ausgebaut – indem ich mein Spektrum an Möglichkeiten durch die Immobilie deutlich erweitert habe. So greift eines ins andere!

Als Freizeitpionier ist es wichtig, dass du die Bedeutung von Macht verstehst und bereit bist, dir das notwendige Machtpotential aufzubauen. Ansonsten stößt du bald an eine Grenze, an der andere Menschen schnell resignieren: »Das ist nicht realistisch«, »Das ist unmöglich«, »Man kann halt nicht alles haben«, und so weiter.

Als Freizeitpionier hast du gewisse Vorstellungen und Ideen für dein Leben – im Optimalfall einen echten Lebenstraum. Allerdings »passiert« den wenigsten von uns diese Lebensrealität ganz von selbst. Meistens ist es so, dass dich das Leben in eine ganz andere Richtung treibt. Beispielsweise ist dein Job vielleicht nicht das, was du eigentlich gerne machen möchtest und irgendwie verbringst du dadurch auch die meiste Zeit deines Tages mit Leuten, die vielleicht ganz nett sind, mit denen du dir aber nicht viel anfangen kannst.

Jetzt kommt der Moment der Wahrheit! Die meisten Menschen akzeptieren ihre Lebensrealität und fügen sich in diese Rolle ein. Sie bemühen sich in ihrem Job gut zu werden. Auch versuchen sie sich mit ihren Kollegen anzufreunden und an sie anzupassen ... ja auch insgesamt versuchen sie in ihren Alltag »hineinzupassen« und »das Beste daraus zu machen.«

Als Freizeitpionier tust du das nicht. Du konzentrierst dich auf deine Vision und kämpfst gegen deinen vom Schicksal gegebenen Alltag an. Als Freizeitpionier wirst du dich nicht bemühen in einem Job gut zu werden, der dich nicht interessiert. Wozu auch? Du willst das ja sowieso nicht langfristig machen. Wenn du gut darin wirst, bindest du dich damit an diese Tätigkeit. Du wirst auch nicht versuchen dich an deine Kollegen anzupassen. Sollen sie dich doch für einen Spinner halten. Sobald du eine bessere Alternative gefunden hast als diesen Job, bist du von dort sowieso weg und hast keinen Kontakt mehr zu diesen Menschen. Warum solltest du dich also bemühen, dich mit ihnen anzufreunden, wo sie doch in einer ganz anderen Welt leben als du? Als Freizeitpionier suchst du dir deine Freunde selbst und gibst dich nicht mit den Kontakten zufrieden, mit denen dich deine momentane Alltagsrealität zusammengewürfelt hat.

Wenn du dir Mühe gibst, in diesem Job gut zu werden und unter den Kollegen Freunde zu finden, dann gestaltest du dein Leben effektiv **weg** von deinen eigentlichen Träumen. Das bedeutet nicht, dass du dir Feinde machen sollst oder grundsätzlich eine ablehnende Haltung demonstrieren musst – aber, wenn du beispielsweise nach Feierabend mit deinen Kollegen öfters noch etwas trinken gehst, wie viel Raum bleibt dir dann noch für die Verwirklichung deines Lebenstraumes?

Wenn du deinen Alltag nicht akzeptierst und gegen das sogenannte Schicksal ankämpfst, schütteln viele nur den Kopf. Sie kommen dir dann gerne mit so einer »Du hast es halt noch nicht kapiert«-Haltung. Viele Menschen finden es naiv und schlichtweg sinnlos, an deinem Los im Leben etwas ändern zu wollen. Sie meinen, dass du es dir dadurch ja doch nur selbst schwer machst. Wenn du nicht glücklich bist, musst du an dir selbst arbeiten und dich anpassen. Schluss. Punkt. Ende.

Nach Meinung der Gesellschaft sollst du dich – ganz brutal ausgedrückt – selbst einer Gehirnwäsche unterziehen, damit du dich am Leben »freust«, so wie es ist.

Wem die eigene Seelenzufriedenheit vollkommen egal ist, der möge dieser Forderung Folge leisten. Als Freizeitpionier werden wir das allerdings auf keinen Fall tun. Wir wollen uns nicht selbst an allen Ecken und Enden zurechtstutzen, damit wir in ein Schema passen – wir wollen eine Lebenswelt kreieren, in der wir selbst uns wohlfühlen und in der wir unsere Träume leben können!

Dafür ist es im Übrigen gar nicht notwendig, die Welt zu verändern. Es reicht vollkommen aus, wenn wir uns darauf konzentrieren aktiv **unser eigenes Umfeld** zu gestalten. Was uns als Freizeitpioniere nämlich wirklich interessiert, ist unsere tägliche Realität: Wie wir leben, mit welchen Menschen wir uns umgeben, welchen Aktivitäten wir nachgehen, und so weiter. Wir müssen nicht den ganzen Planeten reorganisieren, um unser Umfeld an unsere Bedürfnisse anzupassen. Oft genügen schon ein paar kleine Feineinstellungen, damit unsere eigene Lebensrealität unseren Wünschen entspricht.

Die meisten Menschen akzeptieren ihre alltägliche Realität (mehr oder weniger) und versuchen das Beste daraus zu machen. Sie konzentrieren sich also auf das Erleben einer Lebenswelt, die sie nicht erfüllt. Genau hier unterscheiden sich Freizeitpioniere: Wir nutzen unsere momentane Alltagsrealität als eine **Basis**, auf die wir aufbauen. Anstatt unsere Energie zu verschwenden, um eine triste Lebenswelt aktiv zu erleben, investieren wir sie, um ausreichend Machtpotential zu schaffen, damit wir unsere Alltagsrealität an unsere Wünsche anpassen können.

An dieser Stelle warne ich ausdrücklich davor, die Sache zu eindimensional zu betrachten: Viele Menschen denken nämlich, dass sie mit **Geld** all ihre Probleme lösen, bzw. all ihre Wünsche erfüllen könnten. Fragt man Leute nach ihren Träumen, lautet die Antwort sehr häufig: »*einen guten Job haben*«, »*viel Geld verdienen*« oder »*reich sein.*«

Gar keine Frage: Geld ist in unserer Gesellschaft ein nützliches sowie auch notwendiges Werkzeug; es hat durchaus ein Machtpotential – allerdings ist es kein Allheilmittel. Daher tun wir gut daran dem Geld nicht mehr (aber auch nicht weniger) Bedeutung beizumessen, als es für unser Lebensglück tatsächlich hat.

Bestimmt kennen wir alle die Volksweisheit: *»Geld allein macht nicht glücklich«.*
Diese Feststellung stimmt, wobei das Wort *»allein«* ausschlaggebend für die Richtigkeit dieser Aussage ist. Denn Geld kann sehr wohl dabei helfen glücklicher zu werden, bzw. kann es sogar notwendig sein, um deinen Lebenstraum zu verwirklichen. Allerdings ist es kaum ein erfüllender Lebenstraum, einfach nur (sehr) viel Geld zu haben.
Nur einmal angenommen du hättest einen Kontostand von 10 Millionen Euro. Natürlich freust du dich riesig – aber deshalb, weil das für dich Möglichkeiten bedeutet. Für einen Moment ist es sicher auch eine große Freude, dir einfach nur den abgedruckten Wert auf dem Kontoauszug anzusehen. Mittel- bis langfristig hast du aber nur etwas von deinem Geld, wenn du es auch **sinnvoll** einsetzt – auf lange Sicht macht es dich nur dann glücklich, wenn du dadurch auch einen deutlichen, positiven Effekt in **deinem alltäglichen Leben** spürst.

Was uns als Freizeitpionier an Geld interessiert, ist sein Machtpotential. Für uns ist die Idee, *»viel Geld zu haben«* oder *»reich zu sein«* bloß ein möglicher Aspekt unseres zentralen, strukturgebenden Traumes. Wir verstehen, dass wir im Leben definitiv einen besseren Plan brauchen, als einfach nur zu möglichst viel Geld, bzw. finanziellem Wohlstand zu kommen.
Als Freizeitpionier wirst du deinen Lebenstraum, bzw. wesentliche Aspekte davon nicht (langfristig) dem Geldverdienen unterordnen. Sonst gestaltest du deine Lebensrealität abermals weg von deinem Lebenstraum. Du manövrierst dich geradewegs in eine Existenz, in der du hauptsächlich fürs Geldverdienen lebst – und dein Lebensglück unweigerlich diesem Zweck unterordnest.

So gelingt es dir vielleicht nach vielen Jahren, unzähligen Arbeitsstunden und endlosen Bemühungen, dir finanziell etwas aufzubauen – nur damit du dann die ernüchternde Feststellung machst, dass dein Wohlstand kein permanentes Glücksgefühl hervorruft.

Als Freizeitpionier ist für uns essentiell, dass unser Plan **insgesamt** funktioniert. Wie das gemeint ist, erkläre ich anhand eines persönlichen Beispiels: Ich selbst hätte selbstverständlich nichts dagegen, **auch finanziell** reich zu sein: Weil so manches Detail meines Lebens und meines Lebenstraumes Geld kostet; weil ich Geld brauche, um Kunst zu schaffen; weil Geld notwendig ist, um ausreichend frei zu sein, sodass ich nachhaltig meinen Lebenstraum fokussieren kann. Der Punkt ist aber, dass ich das Geld nicht um jeden Preis will. Ich werde meinen Traum nicht dem Geldverdienen unterordnen. Wenn ich als Künstler und Schriftsteller zu Reichtum komme, nehme ich ihn gerne. Könnte ich mit diesen finanziellen Möglichkeiten meinen Traum noch effektiver leben, dann hätte der Reichtum sogar einen echten Sinn. Dann wäre das Geld für mich ein wirklich nützliches Werkzeug. Nicht aber, wenn ich meinen Traum aufgeben müsste, für den Pseudo-Traum »reich« zu sein. In diesem Fall würde mir das Geld(verdienen) nur im Weg stehen.

Geld ist nicht der allesentscheidende Faktor. Maßgeblich entscheidend ist hingegen, dass du dich in deiner Alltagsrealität insgesamt mächtig fühlst – und das im Hinblick auf deinen Lebenstraum auch bist. Das bedeutet gar nicht, dass du aus der Sicht von anderen als besonders »mächtig« gelten musst – es bedeutet, dass du problemlos fähig bist alle wesentlichen Faktoren deines Lebenstraumes zu verwirklichen und aufrechtzuerhalten.
Das ist ein sehr wesentlicher Punkt für einen Freizeitpionier: Wenn du dieses **Macht-Level** erreicht hast, wirst du vom aufbauenden Freizeitpionier zum erlebenden Freizeitpionier.

14. Freiheit

Für dein Lebensgefühl als erlebender Freizeitpionier ist es von großer Bedeutung, dass dein Glück nicht nur eine Momentaufnahme ist, sondern, dass es in deiner **Macht** steht dieses Lebensgefühl auch nachhaltig aufrechtzuerhalten. Diese Fähigkeit bezeichnen wir im Freizeitpionier-Kontext als **echte Freiheit**.

Allerdings spielt Freiheit für uns nicht erst eine Rolle, wenn wir erlebende Freizeitpioniere sind. Auch während unserer Aufbauphase ist sie entscheidend – sowohl für unsere Möglichkeiten, als auch für unser Lebensgefühl während dieser Zeit.

Es ist wichtig zu verstehen, dass »Freiheit« äußerst facettenreich ist: Wir unterscheiden nicht nur zwischen »eingesperrt« und »frei« – es gibt durchaus sehr viele Abstufungen.

Auch wenn du laut Gesetz ein freier Mensch bist und vielleicht sogar aus der Sicht von anderen ein beneidenswertes Leben hast, kannst du dich in deinem Alltag eingesperrt fühlen: In Wahrheit bist du nur so frei, wie deine Träume es sind.

Damit du zielgerichtet an deiner Freiheit und deiner Erfüllung arbeiten kannst, ist es essentiell, dass du dir über den Facettenreichtum von dem Begriff »Freiheit« im Klaren bist: Etwa, dass du erkennst, dass dieses deprimierende Gefühl, das immer wieder von dir Besitz ergreift, kein Hirngespinst ist – du bildest es dir nicht ein. Das Problem ist auch nicht, dass du »undankbar« bist und es dir einfach »zu gut geht« … das Problem ist, dass deine gegenwärtige Alltagsrealität dir nicht die Freiheit bietet, die du wirklich brauchst – also, dass dein Lebenstraum sich nicht richtig entfalten kann.

Diesen Zustand habe ich bereits 2017 mit dem Vergleich zu einer »Gefängnisinsel« visualisiert – und zwar auf Basis von folgendem Gedankenexperiment: Stell dir vor, du bist auf Lebenszeit in einem grauenvollen Gefängnis eingesperrt. Durch einen unwahrscheinlichen Zufall gelingt dir die Flucht – aber nur damit du feststellst, dass du dich auf einer Insel befindest. Du bleibst unentdeckt, kommst aber auch nicht von dem Eiland fort. Damit bist du zwar »frei«, doch die Insel bietet dir nicht ansatzweise den Raum, um deine Freiheit richtig auszukosten. Außerdem ist das Überleben auf der Insel mühevoll und entbehrungsreich. Zusätzlich ist dir bewusst, dass du jederzeit aufgegriffen und wieder zurück in das Gefängnis gesperrt werden kannst. In Wahrheit bist du also immer noch gefangen.

Diese Vorstellung einer Gefängnisinsel ist eine Versinnbildlichung der Situation, in der sich insbesondere aufbauende Freizeitpioniere oft wiederfinden: Du bist deinem Gefängnis (einer Lebensrealität, die dich nicht glücklich macht und nicht erfüllt) zwar – fürs Erste – entkommen, allerdings schaffst du es trotz mehrmaliger Versuche nicht, einen sicheren Abstand zu diesen trostlosen Lebensumständen aufzubauen: Es kann dir nach wie vor ganz leicht passieren, dass du schnell wieder genau dort landest.
Wenn du zum Beispiel deinen faden Job gekündigt hast, weil du dich lieber auf deine Berufung konzentrieren möchtest. Du arbeitest hart, aber vorerst bleibt der Erfolg aus ... und wenn auch weiterhin kein Geld hereinkommt, siehst du dich schon auf Knien zu deinem ehemaligen Arbeitgeber kriechen und um eine Wiedereinstellung betteln. Genau diese Situation entspricht im Freizeitpionier-Kontext einer »Gefängnisinsel.«

Wenn du den Wunsch hast, dein Leben zu gestalten, ist es für dich wichtig zu verstehen, dass du deine Freiheit nur schrittweise aufbauen kannst. Es ist nicht wie bei einem Schalter, den du einfach nur umlegen musst. Die Entscheidung, dass du frei sein willst und dein Leben nach deinen Wünschen formen möchtest, ist ein bedeutsamer erster Schritt – aber damit ist es eben noch nicht getan!

Du musst auch die erforderliche Struktur schaffen und damit dein persönliches Machtpotential aufbauen. Dieser Aufbau erfolgt schrittweise, insofern kann auch deine Freiheit nur schrittweise wachsen.

Tatsächlich ist Macht ein wichtiger Bestandteil von echter Freiheit, denn Freiheit im klassischen Sinn – also, dass du nirgendwo eingesperrt bist und dich niemand festhält – kann unter Umständen trotzdem ein sehr trostloser Zustand sein, wenn dir die Macht fehlt, mit deiner Freiheit auch etwas anzufangen.
Stellen wir uns zur Veranschaulichung einen Menschen vor, der obdachlos ist und niemanden hat: Dieser Mensch ist zwar frei und kann gehen wohin er will ... aber, wenn er sonst nichts in seinem Leben hat als seine Freiheit, ist sein Dasein trotzdem ziemlich trist und mit großer Wahrscheinlichkeit auch nicht erfüllend.
Was ich mit diesem Beispiel ausdrücken will: Klassische Freiheit ist eine Voraussetzung für ein glückliches, erfülltes Leben – aber sie ist eben längst nicht genug. Du brauchst auch die notwendige Macht, um deine Interessen ausleben und zumindest alle wesentlichen Träume, die in Summe deinen Lebenstraum ausmachen, verwirklichen zu können. Erst dann bist du wirklich frei.
Mach dir also keine **unnötigen** Sorgen, wenn du die Entscheidung triffst, dein Leben zu gestalten, und du durch diesen ersten Schritt nicht gleich ein vollkommen neues Lebensgefühl hast. Einen echten Effekt (von außen) auf dein Leben spürst du erst, wenn du angefangen hast, deine Freiheit auszubauen.

An dieser Stelle musst du wissen, dass deine Freiheit von mehreren **Bereichen** geprägt wird: Dass sie viele Facetten hat, bedeutet nämlich nicht nur, dass es zwischen »eingesperrt« und »frei« sein eine Vielzahl von »Abstufungen« gibt – es bedeutet auch, dass sich deine Freiheit ganz individuell aus verschiedenen **Bereichsfreiheiten** zusammensetzt.
Betrachten wir beispielsweise einen Workaholic, der sehr viel arbeitet und viel Geld verdient. Was den Bereich »Geld« angeht, ist dieser

Mensch vergleichsweise frei – doch derselbe Mensch ist durch seine Arbeit in seiner zeitlichen Freiheit stark eingeschränkt. Jemand, der hingegen bewusst so wenig Stunden wie möglich arbeitet, um viel Freizeit zu haben, genießt im zeitlichen Bereich viel mehr Freiheit als der Workaholic – hat dafür aber finanziell nur wenig Freiheit.

Dabei sind »Zeit« und »Geld« natürlich nicht die einzigen Bereiche, die einen Einfluss auf deine Freiheit haben: Es gibt noch weitere Bereiche, die deine Freiheit definieren (z.b. Wissen, Fähigkeiten, Ängste, Beziehungen, Gesundheit, etc.).

Es ist übrigens auch so, dass nicht alle Menschen gleich viel Freiheit (in allen Bereichen) brauchen bzw. wollen. Ich habe beispielsweise vor einigen Jahren mit einem Bekannten gesprochen, der beruflich sehr erfolgreich ist. Zu dem Zeitpunkt erzählte er mir, dass er kürzlich zusätzlich einen 4. (!!) Job angenommen hat. Ich konnte nur den Kopf schütteln. Ich habe mir gedacht: »*Was nutzt dir das ganze Geld und dein teures Auto, wenn du den ganzen Tag nur arbeitest?*«

Er hat mir ganz besonnen geantwortet: »*Klar, dass das für dich nichts wäre. Du kannst dich selbst beschäftigen – ich kann es nicht. Ich brauche die Arbeit.*«

Da hatte er vollkommen Recht. Ich will mein Leben selbst gestalten und leide darunter, wenn ich mich einem vorgegebenen Alltag unterordnen muss. Das bedeutet aber nicht, dass das jeder so empfindet. Viele Menschen brauchen ihre Rolle im System und nehmen sie nicht als eine Einschränkung ihrer Freiheit wahr. Im Gegenteil, sie würden so viel Freiheit im Bereich »Zeit« sogar als unangenehm empfinden.

Letztendlich ist es also eine Typfrage, wie viel Freiheit du in welchen Bereichen tatsächlich brauchst (bzw. überhaupt willst). Entscheidend ist, dass du dir über die Bedeutung von Freiheit wirklich im Klaren bist und sie in allen für dich relevanten Bereichen soweit ausbaust, damit dein Lebenstraum sich uneingeschränkt entfalten kann!

15. Lebensglück

In den vergangenen Kapiteln haben wir eine ganze Reihe von Dingen besprochen, die dir auf deinem Weg hilfreich sein können – beziehungsweise, die dich an deinem Glück und deinem Erfolg hindern, wenn du auf diese Stolpersteine nicht achtest.

Jetzt, im Finale, werden wir etwas behandeln, das wir uns – so glaube ich – alle sehnlich wünschen: **Lebensglück**

Lebensglück spürst du nachhaltig, wenn du ein **erfülltes Leben** lebst. Dein **Lebensgefühl** entsteht aus der Summe (und dem richtigen Zusammenspiel) sämtlicher Faktoren, die deine Alltagsrealität ausmachen – somit hängt dein Lebensglück maßgeblich von diesen (individuellen) Faktoren ab. Je nachdem, wie du dein Leben gestaltest, erlebst du es als Gewinner oder Verlierer. Es liegt in deiner Hand!

Entscheidend ist, dass du dich mit deinem Lebenstraum auseinandersetzt. Wenn du bereit bist, dir darüber Gedanken zu machen, die Verwirklichung mit aller Kraft in Angriff zu nehmen und fest daran zu glauben, dass du es schaffen kannst, dann bist du auf einem guten Weg das Leben so erleben zu können, wie du es dir erträumst.

Dazu brauchst du die **Vernunft**, deinen Lebenstraum zu priorisieren. Für die meisten Menschen bedeutet Vernunft, am Boden zu bleiben und große Träume aufzugeben. Als Freizeitpionier hast du einen ganz anderen Zugang zu diesem Begriff: Vernünftig ist es, das zu tun, was dich (langfristig) glücklich macht. Alles andere wäre kontraproduktiv und auf jeden Fall sehr unvernünftig: Du hast nichts davon, wenn du deinen Lebenstraum aus Bequemlichkeit aufgibst, oder aber ihn andauernd Aufgaben und Verpflichtungen unterordnest.

Wie bereits erwähnt kann die Entscheidung, Freizeitpionier zu sein und dein Leben aktiv zu gestalten, am Anfang auch eine Mehrbelastung sein: Weil du dich selbst mit einer Herausforderung konfrontierst, mit der sich viele andere Menschen niemals richtig befassen. Allerdings weißt du von Anbeginn an ganz genau, wofür du es tust: Nicht, weil es jemand von dir verlangt; nicht, weil du damit gerade genug Geld verdienst, um deine Rechnungen zu bezahlen – sondern, weil du nachhaltig deinen Traum leben willst; weil du Erfüllung und Lebensglück als fixe Bestandteile deines Alltags implementieren möchtest. Hast du diesen Gedanken erst richtig verinnerlicht, treibt dich eine derart gewaltige Motivation, wie sie sich viele Menschen gar nicht vorstellen können.

Du nutzt diese Motivation, um deine Bemühungen zielgerichtet zu investieren. Dir ist klar, dass du deine persönliche Vision realisierst – und auf diesem Weg sehr, sehr viel gewinnen kannst!

Auch verinnerlichst du, dass die Verwirklichung deines Lebenstraumes zwar – je nach Komplexität – eine gewisse Zeit in Anspruch nehmen wird, doch letztendlich nur ein Abschnitt ist: Wie schon in Kapitel 4 erwähnt, kommt es zwischen aufbauendem und erlebendem Freizeitpionier zu einer Umkehr der Prioritäten: Als aufbauender Freizeitpionier kümmerst du dich in erster Linie um die Verwirklichung deines Lebenstraumes und das Erleben läuft so nebenbei; als erlebender Freizeitpionier ist es genau umgekehrt: An dem Punkt hat dein zentraler, strukturgebender Traum bereits Fahrt aufgenommen. Da läuft die Sache schon so, wie du es willst. Also kannst du dich jetzt darauf konzentrieren, deinen Alltag mit allen Sinnen zu erleben und zu genießen. Natürlich kannst du auch weiterhin kleinweise in einen Aufbau bzw. eine weitere Gestaltung investieren. Bloß ist das dann nicht mehr deine Priorität. Die Arbeit wird zu einer Nebensache. Du lebst, um Tag für Tag deinen Traum zu erleben!

Das muss aber gar nicht bedeuten, dass du dann nicht mehr produktiv sein kannst. Bis dahin hast du bereits eine Struktur aufgebaut, die dir vieles erleichtert – weshalb du als erlebender Freizeitpionier mit vergleichsweise wenig Arbeitseinsatz große Effekte erzielen kannst.

Davon abgesehen kann auch schon deine Aufbauphase einen sehr positiven Effekt auf dein gegenwärtiges Lebensglück haben. Ich zum Beispiel kenne keine **Langeweile** mehr, seit ich mir das Freizeitpionier-Konzept wirklich bewusst gemacht habe. Ich kann mir gar nicht mehr wirklich vorstellen, dass so viele Menschen sich mit ihrer Freizeit nichts anzufangen wissen und einfach »Zeit totschlagen.« Das bedeutet jedoch nicht, dass ich ständig unter Strom stehe und immer produktiv bin – ich gönne mir immer wieder die Zeit zur Erholung: Wenn ich meine Ruhe haben möchte, mache ich Pause – aber, wenn ich etwas tun will, habe ich jederzeit etwas **Sinnvolles** zu tun.

Du kannst also auch schon als aufbauender Freizeitpionier sehr in puncto Lebensqualität profitieren. Du wirst durchaus bemerken, dass sich nach und nach verschiedene positive Effekte auf dein Leben zeigen werden.

So zum Beispiel die Auswirkung auf deine **Ausstrahlung** bzw. deine **Persönlichkeit**: Jeder von uns hat positive und negative Charakterzüge. Das ist vollkommen normal. Wenn du deinen Traum leben kannst, oder daran arbeitest ihn zu verwirklichen, bringt das das Beste von dir hervor! Du wirkst viel positiver und angenehmer auf andere Menschen, weil du selbst dich großartig fühlst und nicht andauernd Frust herunterschlucken musst. Du wirkst viel charismatischer und interessanter, weil du Erfolg und Zuversicht ausstrahlst und ganz in deinem Element bist. Andere freuen sich, wenn sie mit dir Zeit verbringen dürfen, weil deine souveräne Ausstrahlung eine aufbauende Wirkung auf sie hat.

Dieser Effekt ist auch anders herum bekannt: Wenn du oft frustriert bist und dein Leben plan- und ziellos lebst, fördert das eher deine negativen Charaktereigenschaften. Du strahlst Machtlosigkeit aus und steckst andere mit deinem Frust an. Andere Menschen haben dann schnell das Gefühl, dass deine Gegenwart sie langweilt, bzw. herunterzieht.

Obwohl das Freizeitpionier-Konzept in einigen Punkten beinhaltet, dass du von anderen unabhängiger wirst, dich nicht so sehr um deren

Meinung kümmerst, mehr auf dich selbst achtest usw., bewirkt es mittel- bis langfristig dennoch, dass du von anderen Menschen ganz allgemein positiver wahrgenommen wirst.

Ein weiterer Effekt im Zusammenhang mit anderen Menschen tritt meist schon früher ein: Wenn du anfängst dein Leben zu gestalten und deinen Lebenstraum zu verwirklichen, ziehst du automatisch auch Menschen an, die zu deiner selbst gewählten bzw. geschaffenen Lebensrealität passen. Auch dieser Effekt funktioniert in beide Richtungen – wenn du z.B. oft planlos bist, wirst du auch eher mit planlosen Menschen zu tun haben. Wenn dich dein Leben frustriert und du deinen Kummer üblicherweise nach der Arbeit in einer Kneipe ersäufst, wirst du bald hauptsächlich von Menschen umgeben sein, die ähnlich perspektivenlos sind.

Als Freizeitpionier musst du also gar kein Einzelgänger oder eiskalter Egoist sein – nur musst du erst einmal selbst einen **festen Halt** im Leben haben und lernen unabhängig glücklich zu sein, bevor du dieses Glück mit anderen Menschen teilen kannst!

Das betrifft nicht nur die Menschen in deinem unmittelbaren Umfeld, sondern auch die Gesellschaft insgesamt. Zwar stellst du als Freizeitpionier deine eigenen Träume über kollektive Interessen – doch das bedeutet nicht, dass du nichts Positives für die Gesellschaft beitragen kannst. Unter Umständen kannst du das als Freizeitpionier sogar wesentlich besser! Denn als Freizeitpionier schöpfst du dein Potential voll aus. Wenn du deine Interessen auslebst und tust, was du (wirklich) willst, läufst du zu echter Höchstform auf: Dann kannst du Dinge fertigbringen, von denen andere nur träumen können! Dabei wird dir vieles, was du tust, eher Kraft geben als rauben: Du handelst dann schließlich aus eigenem Antrieb, weil dich die Sache selbst interessiert – und nicht aus Zwang, weil du musst und andernfalls Probleme bekommst.

Wenn du diesen Punkt erreicht hast, kannst du der Gesellschaft gerne auch etwas zurückgeben – wenn du es von dir aus tun willst.

Das Freizeitpionier-Konzept ist ein wunderbares Werkzeug: Es bietet die Möglichkeit das scheinbar Unmögliche möglich zu machen. Es kann den Unterschied bewirken, zwischen »frustriert« und »glücklich«; zwischen »Verlierer« und »Gewinner.« Wenn du es richtig einsetzt, kann es einen unglaublichen Effekt auf dein Leben haben!

Also! Womöglich weißt du schon genau was du tun willst: Dann nichts wie los!
Vielleicht möchtest du aber erst noch in Ruhe in dich gehen und deinen Lebenstraum richtig erforschen. Das ist vollkommen in Ordnung. Lass die Eindrücke aus diesem Buch erst einmal auf dich wirken. Nimm dir die Zeit, die du brauchst, um dich selbst, deine Bedürfnisse und deine Träume wirklich zu ergründen und zu verstehen.

Mit diesem Buch hast du die erforderlichen Freizeitpionier-Basics, um deinen Fokus zu finden und dein Leben auf Kurs zu bringen. Wenn du dich noch intensiver mit der Freizeitpionier-Idee auseinandersetzen willst, empfehle ich dir auch die Bücher »Der Freizeitpionier« und »Die Gefängnisinsel« zu lesen. Mit dem Basiswissen, das du jetzt über das Freizeitpionier-Konzept besitzt, kannst du aus den Romanen eine ganze Reihe von wertvollen Perspektiven herauslesen und deinen Horizont damit nochmals signifikant erweitern!

Nun wünsche ich dir viel Erfolg bei der Ergründung und der Verwirklichung deiner wahren Träume!
Damit beschließe ich dieses Buch mit den Worten:

»Leb deinen Traum – sei Freizeitpionier!«

WEITERE WERKE VON THOMAS SAILER

DIE GEFÄNGNISINSEL

(Roman)

ISBN: 978-3-7469-2713-8 (Paperback)
ISBN: 978-3-7469-2714-5 (Hardcover)
ISBN: 978-3-7469-2715-2 (E-Book)

1. Ausgabe (2018)

DER FREIZEITPIONIER

(Roman)

ISBN: 978-3-9503878-2-7 (Paperback)
ISBN: 978-3-9503878-3-4 (E-Book)

2. Ausgabe (2015)

Zeitfracht Medien GmbH
Ferdinand-Jühlke-Straße 7
99095 Erfurt, Deutschland
produktsicherheit@kolibri360.de